사랑을 담아,

_____ 에게

내게
힘을 주는
말들 WORDS THAT MATTER:
A LITTLE BOOK OF LIFE
LESSONS

〈O, 오프라 매거진〉 편집부 엮음 | 전행선 옮김

내게
힘을 주는
말들

오프라 윈프리를 이끈
인생의 지침들

알에이치코리아

오프라 윈프리가 전하는 인사말

지금껏 나는 인용구와 격언에 푹 빠져 살아왔다. 심지어 어린 시절에도 고등부 집회에서 제시 잭슨Jesse Jackson 목사님으로부터 처음으로 들었던, "두각을 나타내면 인종차별과 성차별에서 자유로워질 수 있습니다. 그러니 탁월해지려 노력하세요." 같은 문장을 외우고 다녔다. 그때 이후로 내 방 거울과 벽에는 늘 한 줄짜리 격언 수십 개가 붙어 있었다. 18세기 영국 시인 알렉산더 포프Alexander Pope의 "바라는 것이 없는 이는 실망할 일도 없으니 그야말로 진정 축복받은 자이다."라는 말에

서부터, 마틴 루터 킹 주니어Martin Luther King Jr.의 "모든 사람이 위대함의 가능성을 안고 있습니다. 명성이 아니라 위대함입니다. 위대함이야말로 우리가 얼마나 헌신하느냐에 따라 결정되는 것이니까요."라는 말까지 종류도 다양하다. 그리고 지난 몇 년간 새로운 도전을 시도할 때마다 이 격언들은 삶의 지침이 되어주었다.

나는 잡지를 하나 창간했다. 내가 글을 통해 새롭게 태어난 것처럼 독자들도 내 잡지를 보며 의미 있고 활기 넘치며 목표 지향적이고 더 나아가서는 즐겁게 삶을 살아가길 바라는 마음에서다. 이 책에는 내가 지난 10년 간 모아둔 지혜의 말이 담겨 있다. 책 속에서 독자들은 담대하게 꿈꾸는 법과 현명하게 나이 드는 법, 사랑하는 사람과의 관계를 더 돈독하게 하고 자존감을 키워 나가는 법, 자아를 가둬둔 상자의 뚜껑을 날려버리는 비법에 관한 보석 같은 진실, 즉 통찰력 있는 조언, 유머, 자극 그리고 격려를 발견하게 될 것이다. 더불어, 편집부 직원들과 상의하여 생각할 거리를 던져주는 여러 질문도 포함했다. 예컨대, 영국 소설가 재닛 윈터슨 Jeanette Winterson의 말도 그중 하나에 속한다. "위험 부담이 없는 발견은 없어요. 게다가 우리가 위험을 감수하면서까지 지키려 하는 것이 바로 우리가 가치 있게 생각하는 것입니다." 물론 각성의 메시지만 있는 것이 아니라 다소 경박하지만 재미있는 문장도 포함되어 있다. 예를 들어, 베트 미들러Bette Midler는 이렇게 말했다. "인간은 모두 비범하지만, 자신을 비범하다고 말할 배짱이 있는 사람은 나밖에 없어요. 게다가 그걸 가장 먼저 생각해낸 사람도 나거든요. 그러니 게임 끝이에요!" 나는 이 작은 책이 항상 침대 옆 탁자 위에 놓여, 혹은 토트백 안에 한결같이 들어앉아 독자가 어딜 가든 언제나 영감을 불어넣어주는 소중한 물건이 되길 기대한다. 자신이 너무 작은 꿈을 꾸고 있다는 생각이 들거나 실의에 빠졌을 때, 혹은 삶에 낙이 없거나 균형을 잃고 비틀거릴 때 이 책을 열어보길 바란다. 내가 인용구와 사랑에 빠져서 배운 사실은 "용기를 북돋아주는 말에 귀를 기울일수록, 우리는 그 말이 담고 있는 의미에 점차 형태를 부여하기 시작한다."는 것이다. 랠프 월도 에머슨Ralph Waldo Emerson도 "우리는 우리가 온종일 생각하는 대로 변해간다."라고 비슷한 말을 했는데, 이것은 내가 특히 좋아하는 말이기도 하다.

고난이든 승리든 위기든 최고의 순간이든 간에 우리가 경험하는 모든 것 안에는 은혜의 씨앗이 있고, 앞으로 나아가는 여정을 위한 교훈이 담겨 있다는 사실을 결코 잊어서는 안 된다. 스스로의 길을 용감하게 헤쳐나가려 할 때, 자신을 위한 선물로 삶의 교훈이 담긴 이 작은 책을 만나기를 바란다. 다른 이들이 관대한 마음으로 선사한 말을 음미하고 향유하는 동안 기분 좋게 탄성을 내지르며 깨달음을 얻을 수 있기를 바란다. 그리고 기운을 북돋우고 영감을 얻을 필요가 있을 때면 언제라도 다시 펼칠 수 있는 책이 되어주길 바란다.

오프라 윈프리

CONTENTS

Oprah Winfrey

성공과
용기

When you make the process
your goal that the big dream
can follow.

당신이 목표를 향해
나아갈 때에야 비로소
담대한 꿈이
그 뒤를 따릅니다.

오프라 윈프리

우리가 꿈꾸는 한, 그리고 스스로의 앞길을 막아서지 않는 한, 세상에 불가능이란 없어요. 꿈은 무한히 넓고 끝없는 장소로 우리를 데려갈 수 있으니까요.

As long as we dare to dream and don't get in the way of ourselves, anything is possible—there's truly no end to where our dreams can take us.

힐러리 스웽크Hilary Swank 배우

우리 부모님은 가난했어요. 그래서 프로로 전향했을 때, 나는 돈을 벌기 시작했죠. 사실 위대해지고 싶은 마음 같은 건 없었지만, 내게 기회가 있다는 사실만은 알았어요. 그리고 올림픽에서 금메달을 땄을 때, 마침내 그 기회가 현실이 됐죠. 내가 챔피언이 된 거예요.

My mother and father were poor, and when I turned pro, I started making money⋯⋯. I wasn't thinking of being the greatest. But I knew I had a chance. And when I won at the Olympics, that sealed it: I was the champ.

무하마드 알리Muhammad Ali 전직 헤비급 권투 챔피언

몇 년 전 스파고 건너편의 주차장에 있다가 오스카상 수상자들이 트로피를 들고 폐막 파티장으로 향하는 모습을 보게 됐죠. 이런 생각이 들더군요. '언젠가는 나도 저렇게 될 거야.' 그 후 마침내 오스카상을 받았을 때, 무대에서 내려와 케빈(케빈 클라인)에게 이렇게 물었죠. "지금 이거 실제로 일어난 일 맞지?" 그때는 마치 내가 우편물 창고 안에서 잠들어 있다가 깨어나면 전부 꿈이었다는 사실을 알게 될 것만 같았거든요.

Years ago I was in the parking lot across the street from Spago, I could see the stars with their Oscars going into the after party. I said to myself, 'I want to do that one day' ······After I got the Oscar and walked offstage, I said to Kevin [Kline], 'Did that just happen?' It felt like I fell asleep in the mail room and I was going to wake up and find out it was all a dream.

덴절 워싱턴Denzel Washington 배우

대담하고 독특해지세요. 몸만 사리고 있을 것이 아니라, 목적의 진정성과 창의적인 비전을 보여줄 수 있다면 무엇이든 시도해보는 거예요.

Be daring, be different, be anything that will assert integrity of purpose and imaginative vision against the play-it-safers⋯⋯.

세실 비턴Cecil Beaton 사진작가

쉽게 얻을 수 있는 것 중에서 가치 있는 건 거의 없어요. 희생을 요하는 힘겨운 싸움을 통해 도달할 수 있는 목표만이 진정 추구할 만한 가치가 있으니까요.

Nothing really worth having is easy to get. The hard-fought battles, the goals won with sacrifice, are the ones that matter.

아이샤 타일러Aisha Tyler 배우, 코미디언

행운은 도전하는 자만이 얻을 수 있습니다.

Fortune helps those who dare.

베르길리우스Vergilius 시인

상상력은 창조의 시작이죠. 원하는 것을 상상해보세요. 얻을 수 있습니다. 그게 바로 창조가 아니고 뭐겠어요.

Imagination is the beginning of creation. You imagine what you desire, you will what you imagine, and at last you create what you will.

조지 버나드 쇼George Bernard Shaw 극작가

내가 두려워하는 것은 신뿐이에요. 인간은 누구도 두렵지 않아요. 누구라도 이러한 기백만 품고 있으면 타인의 강요에 굴하지 않고 자신의 일에 전념하며 살 수 있습니다. 나머지는 무시해도 되죠.

I fear only God. I don't fear any human. When you have that kind of spirit, you can just do what you have to do. Let it roll.

스티비 원더Stevie Wonder 가수

실패는 우리가 다른 방향으로 나아갈 수 있게 해주는 표지판이에요.

Failure is a signpost to turn you in another direction.

오프라 윈프리

내게 삶은…… 앞으로 어떤 일이 일어날지 전혀 모르는 상태에서 변화를 시도하고, 순간을 받아들이고, 최선을 다하는 거예요.

My life…… is about not knowing, having to change, taking the moment and making the best of it, without knowing what's going to happen next.

길다 래드너Gilda Radner 배우

깊이, 경이로움, 아름다움, 열정, 투쟁처럼 삶의 충만함을 드러내는 것들 속에서 숨 쉴 수 있다면, 우리는 아무런 두려움 없이 세상을 살아갈 수 있어요. 살아 있는 한 절대 정복당하지 않는다는 사실을 곧 깨닫게 될 테니까요.

If you can allow yourself to breathe into the depth, wonder, beauty, craziness, and strife—everything that represents the fullness of your life—you can live fearlessly. Because you come to realize that if you just keep breathing, you cannot be conquered.

오프라 윈프리

삶이란 다음에 무엇이 올지, 또 어떻게 될지 전혀 확신할 수 없다고 흔히들 생각하죠. 물론 잘못하고 있을지 몰라도 어찌됐든 우리는 어둠 속에서 한 단계씩 도약해가야만 하죠.

Living is a form of not being sure, not knowing what next or how⋯⋯. We guess. We may be wrong, but we take leap after leap in the dark.

아그네스 데밀Agnes de Mille 무용수

모험은 아무런 보장도 약속도 없이 다가와요. 또한 위험과 그에 따른 보상은 샴쌍둥이나 마찬가지죠. 모험을 떠나는 사람에게 나는 '*Fortes fortuna javat*'라는 조언을 해주고 싶은데, 말뜻을 알고 나면 의미를 부정하고 싶을지 모르겠지만, 해석을 잘해야 하는 말이에요. 고대 로마 극작가인 테렌스가 주장한 이 말은 '운명의 여신은 용감한 자를 사랑한다.'는 뜻이에요. 다시 말해, 인생이란 던져진 동전처럼 어느 쪽으로 떨어지는지 지켜보고만 있어서는 안 되는 거예요. 그 이유를 들자면 수도 없이 많지만, 두려움이 그 이유 중 하나가 되게 해서는 절대 안 된다는 거예요.

Adventure comes with no guarantees or promises. Risk and reward are conjoined twins—and that's why my favorite piece of advice needs translation but no disclaimers: *Fortes fortuna javat.* 'Fortune favors the brave,' the ancient Roman dramatist Terence declared. In other words, there are many good reasons not to toss your life up in the air and see where it lands. Just don't let fear be one of them.

마리 사우스Mary South 작가

어느 날 밤 브로드웨이에서 〈컬러 퍼플〉 공연을 마치고 나왔을 때, 일흔 살 먹은 할머니 한 분이 다가와 이런 말을 하더군요. 본인은 학교를 중퇴한 싱글맘이었지만, 지금은 간호학교에 다니고 있다고요. 그러면서 이렇게 덧붙였어요. "바리노, 당신이 나를 고무시켰어요." 아무도 꿈이 이루어지지 않는다는 말은 할 수 없을 거예요. 내 인생이 바로 그 증거거든요.

One night a seventy-year-old woman came up to me after the show [The Color Purple on Broadway] and told me she'd also been a single mother who had dropped out of school, and now she's taking nursing classes. She said, 'You inspired me.' You can't tell me that dreams don't come true. My life is proof that they do.

판타지아 바리노Fantasia Barrino 아메리칸 아이돌 우승자 우리 집 가훈은 '나는 할 수 있다, 하지만 정말 열심히 노력해야만 한다.'였어요.

I come from a family whose belief was, You can do it, but you have to work really hard.

콘돌리자 라이스Condoleezza Rice 전직 미국 국무장관

세상에는 기회 한 번 얻어보지 못한 뛰어난 배우가 수도 없이 많아요. 나는 무릎을 꿇고 앉아 무한한 감사의 기도를 올리죠. 나보다 훨씬 재능 있는 배우가 얼마든지 많다는 사실을 알기 때문에 절대 내 행운을 당연하게 여기지 않아요. 나는 단지 그들보다 먼저 기회를 얻을 수 있었고, 최선을 다했을 뿐이에요.

There are so many talented actors who don't ever get the chance……. I go down on my knees in extreme gratitude. I don't take it for granted. I know all these actors who are probably more talented than I am. I've taken the chance and done my best with it.

샤를리즈 테론Charlize Theron 배우

우리는 원하는 것은 무엇이든 할 수 있어요. 정말 찾아보기 힘든 것은 뭔가를 하고자 하는 진정한 열망이에요. 어떤 것을 간절히 원하면 말 그대로 그것에 눈이 멀어 아무것도 보이지 않게 되죠. 절대 다른 것에는 만족할 수가 없어요. 내가 '원하는 것은 무엇이든 할 수 있다.'고 한다면, 그 안에는 정말 많은 의미가 담겨 있어요. 하지만 어찌됐든 그 말은 사실이에요. 자신만의 관점을 견지하고, 더듬거리더라도 앞으로 나아가세요. 진정한 예술작품은 숭고한 노력을 통해서만 얻을 수 있으니까요.

You can do anything you want to do. What is rare is this actual wanting to do a certain thing: wanting it so much that you are practically blind to other things, that nothing else will satisfy you……. I know I have said a lot when I say, 'You can do anything you want to do.' But I mean it……. Blunder ahead with your personal view……. The real work of art is the result of a magnificent struggle.

로버트 헨리Robert Henri 화가

내가 확실히 알고 있는 것은 지금 당신이 어디에 서 있든, 언덕 위든 시궁창 속이든 교차로든 혹은 어떤 틀에 박힌 일을 하든, 지금 이 순간 스스로에게 줄 수 있는 최고의 것을 주어야 한다는 거예요. 그게 전부예요. 자신이 해내지 못한 일이나 되지 못한 사람, 혹은 더 빨리 움직이지 못한 이유나, 변화시켜야만 한 일을 심판하며 스스로를 고갈시킬 것이 아니라, 그만하면 충분하다고 생각하던 위치에서 더 나은 위치로, 적당하다고 생각하던 정도에서 비범한 정도로, 그리고 낮은 위치에서 스스로가 생각하는 최고의 위치로 자신을 끌어올릴 기회가 되어줄 다음번을 위해 그 힘을 축적해두는 것이 나아요.

What I know for sure is that no matter where you stand right now—on a hilltop, in a gutter, at a crossroads, in a rut—you need to give yourself the best you have to offer in this moment. This is it. Rather than depleting yourself with judgments about what you haven't done, who you could have become, why you haven't moved faster, or what you should have changed, redirect that energy toward the next big push—the one that takes you from enough to better. The one that takes you from adequate to extraordinary. The one that helps you rise up from a low moment and reach for your personal best.

오프라 윈프리

성공하는 사람은 늘 그들이 원하는 상황을 찾아보고,
찾을 수 없다면 직접 개척해가는 이들입니다.

The people who get on in this world are the people who
get up and look for the circumstances they want, and,
if they can't find them, make them.

조지 버나드 쇼, 극작가

꿈은 실현됩니다. 그러한 가능성 없이는 자연도 우리에
게 아무런 영감을 불어넣지 못할 테죠.

Dreams come true; without that possibility, nature
would not incite us to have them.

존 업다이크John Updike 작가

온전한 인간이 된다는 건 상상도 할 수 없는 일과 마주
치게 될 줄 알면서도 어떻게든 한 발을 다른 발 앞에
놓을 줄 안다는 거예요.

To be fully human is······ to know that it's possible to
face the unimaginable and somehow put one foot in
front of the other.

오프라 윈프리

지혜와 자신감은 행동에서 나옵니다.

In action lies wisdom and confidence.

알베르트 슈바이처Albert Schweitzer 신학자

스스로 정해놓은 인생의 지침을 따르고자 할 때, 우리
는 종종 중요해 보이는 무언가를 '중요치 않은' 것으로
치부해야 할 상황을 맞이하죠. 만약 누군가 지긋지긋한
상사를 만족시키는 일이나 먼지 한 톨 없이 깨끗한 집
을 유지해나가는 것이 아이들과 놀아주거나 감기로 하
루 푹 쉬는 일보다 훨씬 중요하다고 생각한다면, 그는
정말 지루하고 기나긴 운명과의 사투를 준비해야 할
거예요. 그리고 패배할 마음의 준비도 해둬야겠죠.

To follow your life's guidance, you may have to reassign
some seemingly important things to 'unimportant.' If
you believe that pleasing your horrible boss or having
a spotless house is a higher priority than playing with
your children or sleeping off the flu, be prepared for a
long and strenuous battle against destiny. Also, be
prepared to lose.

마사 베크Martha Beck 인생 상담사

기적은 때때로 그냥 일어나기도 하지만, 상당수는 신념과 기지, 희망, 상상력 그리고 두말할 필요도 없이 우리가 흘린 땀으로 만들어지는 거예요.

Miracles sometimes happen, but more often they're made of faith and wit and hope and imagination, to say nothing of sweat.

톰 월드만Tom Waldman 작가

사람들이 내게 무언가 불가능하다고 이야기하면, 나는 그들이 틀렸다는 걸 증명하려고 애쓰죠.

When people tell me something is impossible, I try to prove them wrong.

리처드 브랜슨Richard Branson 기업가

살면서 나는 확고한 결심이 두려움을 없애준다는 사실을 배웠어요. 무언가를 반드시 해내야 한다고 깨닫는 순간 두려움은 사라져버리니까요.

I have learned over the years that when one's mind is made up, this diminishes fear; knowing what must be done does away with fear.

로자 파크스Rosa Parks 인권 분야 개척자

삶은 용기의 크기에 따라 축소되거나 확장됩니다.

Life shrinks or expands in proportion to one's courage.

아나이스 닌Anais Nin 작가

두려움과 정면으로 마주할 때 우리는 힘과 용기, 자신 감을 얻죠. 그러니 도저히 할 수 없다고 느껴지는 일이 라도 당당히 맞서야 해요.

You gain strength, courage, and confidence by every experience in which you really stop to look fear in the face. You must do the thing you think you cannot do.

엘리너 루스벨트Eleanor Roosevelt
미국 제32대 대통령 루스벨트 영부인

어떤 여성이든 힘겨운 과정을 감수할 의지만 있다면 무엇이든 원하는 것을 가질 수 있다고 나는 믿어요.

I truly believe that a woman can have anything she wants—if she's willing to do the hard work it takes to get it.

오프라 윈프리

진정한 용기란, 한 순간에서 다음 순간으로 나아가게
하는 힘이에요.

The only courage that matters is the kind that gets
you from one moment to the next.

미뇽 매클로플린Mignon McLaughlin 언론인

작은 발걸음이 모여 용기가 됩니다.

Courage is only an accumulation of small steps.

조지 콘라드George Konrad 작가

실패의 가장 위대한 점 한 가지를 꼽으라면, 결코 생각
했던 것만큼 나쁘지만은 않다는 거예요. 우리는 실패하
면 세상이 끝나버릴 거라고 생각하지만, 사실 전혀 그
렇지 않거든요.

One of the things that's great about failure is, it's never
as bad as you think it's going to be. You think it's
going to be the end of the world, and it's really not.

리사 라우Lisa Rau 작가

마음속에서 이런 목소리가 들리더군요. '위기에 대처하지 않으면 내 안의 뛰어난 자질이 죽게 될 거야.' 우리 마음속에는 늘 그 목소리가 메아리치죠. 단지 아무도 들으려 하지 않을 뿐이에요. 인간에게는 모두 그 목소리가 있어요. 그것은 신이 주는 빛이니까요. 자신의 운명 안으로 걸어 들어갈 용기가 있는 자만이 그 목소리를 들을 수 있습니다.

A voice in me said, You have to rise to the occasion or the best in you will die. We always have that voice; we just have to make a choice to listen to it. We all have it; that's God's given light. It's just whether you have the courage to step into your destiny.

릴리 예Lily Yeh 화가

습관적인 일상에서 한 걸음만 벗어나도 우리는 새로운 방향으로 나아가게 됩니다.

I notice well that one stray step from the habitual path leads into a new direction.

프란츠 그릴파르처Franz Grillparzer 극작가이자 시인 인생에서 가장 큰 위험은 위험을 감수하려 들지 않는 거라고 생각해요. 그러니 할 수 없다고 생각되는 일을 하세요. 그리고 실패하세요. 다시 시도하면 되잖아요. 다음번에는 더 잘하면 되죠. 외줄타기를 시도해본 적 없는 사람은 바닥에 떨어질 일도 없는 거 아니겠어요.

I believe that one of life's greatest risks is never daring to risk……. Do the one thing you think you cannot do. Fail at it. Try again. Do better the second time. The only people who never tumble are those who never mount the high wire.

오프라 윈프리

내가 아는 성공한 사람들은 절대 주저하거나 안전한 길로만 돌아가려 하지 않고, 때가 왔을 때 본능적으로 그것을 감지하고 움켜잡아요.

Every successful person I have ever known has had it—that instinct to sense and seize the right moment without wavering or playing it safe.

모스 하트Moss Hart 극작가

집이나 대인관계 혹은 일상에서 잡소문 금지구역을 선포하고 나면 무슨 일이 벌어질까요? 모르긴 해도 정말 중요한 일을 할 시간이 엄청나게 늘어날걸요. 요점은 타인의 꿈을 짓밟는 데 시간을 허비하느니 각자의 꿈을 쌓아올리는 데 그 시간을 사용하자는 거예요.

What would happen if we declared our home, our relationships, our lives a gossip-free zone? We'd probably be surprised at how much time we'd free up to do the work that's most significant—building our dreams rather than tearing down others'.

오프라 윈프리

용기는 모든 덕목 중에서 가장 중요합니다. 용기 없이는 다른 덕목을 계속 실천해나갈 수 없거든요.

Courage is the most important of all virtues, because without courage, you cannot practice any of the other virtues consistently.

마야 안젤루Maya Angelou 작가

성공은 여정이지 목적지가 아니에요. 때로는 과정이 결과보다 훨씬 중요합니다.

Success is a journey, not a destination. The doing is often more important than the outcome.

아서 애시Arthur Ashe 테니스 챔피언

나는 스무 살이 됐을 때 매우 확고한 목적의식을 갖게 됐어요. 이슬람혁명이 내 삶을 송두리째 뒤집어놓은 시기였죠. 나는 친구와 가족, 집과 재산을 모두 잃었어요. 혁명이 나를 이 자리까지 오게 했죠. 지금은 세상을 이해하려 노력 중이에요. 하지만 불변하는 것에 관한 믿음, 즉 진실, 고결함, 도덕성, 의무 등에 관한 신념은 변함없이 간직하고 있어요.

I began to develop a very focused sense of purpose when I was about twenty. That's when the Islamic Revolution turned my world upside down. I lost friends and family, my home and possessions. The revolution propelled me to where I am today: trying to make sense of our world. My commitment is to constancy·······. I have not changed what I believe about truth, integrity, morality, and duty.

크리스티안 아만포Christiane Amanpour 국제 특파원

사업을 시작하고자 한다면 열정만으로는 부족합니다.
계획이 있어야 해요.

**You need more than just passion to start a business —
you need a plan.**

수지 오먼Suze Orman 금융 전문가

우리에게 필요한 유일한 용기는 마음이 원하는 대로
살아갈 용기예요.

**The only courage you ever need is the courage to live
your heart's desire.**

오프라 윈프리

우선 어떤 사람이 되고 싶은지 스스로에게 말하는 겁
니다. 그리고 해야 할 일을 하면 되죠.

**First say to yourself what you would be; and then do
what you have to do.**

에픽테토스Epictetus 철학자

꿈을 이루는 것, 외롭고 고된 일로 땀을 흘리는 것, 창조의 기회를 얻어내는 것이 삶의 핵심입니다.

To fulfill a dream, to be allowed to sweat over lonely labor, to be given the chance to create, is the meat and potatoes of life.

베티 데이비스Bette Davis 배우

우리에게는 삶의 비전이 필요하고, 그 비전을 성취하고자 한다면 지금껏 알고 있던 것보다 훨씬 위대한 어떤 힘에 우리를 내줘야 해요. "신은 인간이 자신을 위해 꿈꿀 수 있는 것보다 훨씬 큰 꿈을 우리 몫으로 준비해 두셨다." 이 말은 내가 다른 이들과 함께 나누고 싶은 삶의 원칙 중 하나예요.

All of us need a vision for our lives, and even as we work to achieve that vision, we must surrender to the power that is greater than we know. It's one of the defining principles of my life that I love to share: God can dream a bigger dream for you than you could ever dream for yourself.

오프라 윈프리

우리는 성공뿐 아니라 실패를 통해서도 성장해갑니다. 프로그램에 초대 손님을 맞이하면, 나는 그들의 실패담에 관해 주로 이야기를 나누려 해요. 자랑삼아 실패담을 늘어놓으라는 것이 아니라, 실패도 우리를 정의하는 일부가 되기 때문이죠. 때로 그것은 어떻게 한 사람이 지금의 자리까지 올 수 있었는지를 설명하는 즐겁고 낙관적인 교훈만 되는 것은 아니에요. 실패란 단지 이루고자 애썼으나 이룰 수 없었던 것이자, 그럼에도 여전히 얻으려 애쓰는 어떤 것을 의미하죠.

I think we're shaped by failure at least as much as we're shaped by our successes. When I have guests on a show, I like to talk to them about their failures — not to show them up, but because that's part of what defines us. Sometimes it's not the cheery, upbeat lessons that really explain how a person got to be where they are. It's the things they tried to do and couldn't do. The things they're still struggling to do.

테리 그로스Terry Gross 라디오 프로그램 진행자 열정 없이 이루어진 위대한 것은 세상 그 어디에도 없습니다.

Nothing great in the world has been accomplished without passion.

게오르크 빌헬름 프리드리히 헤겔Georg Wilhelm Friedrich Hegel
철학자

세상에서 유일한 성공은 스스로의 인생을 자기만의 방식으로 살아가는 것이죠.

There is only one success······ to be able to spend your life in your own way.

크리스토퍼 몰리Christopher Morley 작가이자 언론인

성공이 일보다 우선순위가 되는 곳은 오직 사전뿐예요.

The only place where success comes before work is a dictionary.

비달 사순Vidal Sassoon 모발 보호 및 손질 관련 기업가

더 많은 것을 시도하세요. 수영을 배운다고 해서 셰익스피어 읽는 것을 그만둘 필요는 없어요. 자신만의 목소리를 찾는다고 소설을 쓸 수 없는 건 아니잖아요. 버너의 화구는 모두 사용해야죠.

Try more things. Learning to swim won't stop you from reading Shakespeare. Finding your voice won't stop you from writing novels. You should be cooking on all four burners.

브리나 클라크Breena Clarke 소설가

삶을 계획하고 꿈꾸고 앞서 나가려는 의지만큼이나 우리가 반드시 기억해두어야 할 것은, 내가 바로 우주의 흐름과 기의 연결점이라는 사실이에요. 따라서 모든 힘과 열정을 그러안고 목표를 향해 나아가야 해요. 그러고 나서 놓아버리는 거예요. 자신보다 훨씬 커다란 힘 앞에 그 계획을 풀어놓으라는 겁니다. 큰 꿈을 꾸세요, 엄청나게 큰 꿈을. 열심히 일하세요, 그 누구보다 열심히. 그리고 할 수 있는 모든 것을 다한 후, 겸손히 몸을 낮춘 채 기다리면 됩니다.

As much as you plan and dream and move forward in your life, you must remember that you are always acting in conjunction with the flow and energy of the universe. You move in the direction of your goal with all the force and verve you can muster—and then let go, releasing your plan to the power that's bigger than yourself······. Dream big—dream very big. Work hard —work very hard. And after you've done all you can, you stand, wait, and fully surrender.

오프라 윈프리

계획하는 사람이 성공합니다.

The person with the plan most often carries the day.

필 맥그로Phil McGraw 심리학자

용기란 가능한 한도 내에서 불가능한 것을 시도한다는 의미예요.

Courage means doing the impossible within the possible.

엘리 비젤Elie Wiesel 홀로코스트 생존자이자 노벨 평화상 수상자

나는 당면한 문제를 나 스스로 해결하며 길을 찾아나
갈 수 있다고 믿어 의심치 않아요. 설사 내 노력이 좋은
경험이 되지 않는다 해도, 노력했다는 사실만큼은 좋은
경험이 될 겁니다. 혹시라도 상황이 안 좋게 흘러가면
그것도 흥미로울 테고요.

I do have a core of trust that I'll figure things out and
find my way. And if whatever I try is not a good
experience, even that is a good experience. If something
turns out badly, it's interesting.

줄리 테이머Julie Taymor 극 연출가

신은 우리에게 성공을 요구하지 않아요. 노력만을 요구
할 뿐이죠.

God doesn't require us to succeed; he only requires
that you try.

마더 테레사Mother Teresa 가톨릭 수녀이자 노벨 평화상 수상자

당신이 아닌 당신의 열정이 일을 해나가게 하세요.

Let passion drive your profession.

오프라 윈프리

내가 좋아하는 찬송가 중에 다음과 같은 후렴구가 붙은 노래가 있어요. '나는 불을 가졌네, 불을, 내 뼛속에 봉인된 불을.' 사람은 누구나 이 불을 가지고 태어나지만, 어린 시절부터 다른 이들이 그것을 꺼뜨리도록 그냥 내버려두죠. 열정이 바로 그 목적의 불을 타오르게 하는 통나무예요. 그러니 이제 우리가 할 일은 그 불씨를 찾아 소생시킨 후 활활 타오르도록 만드는 거겠죠.

There's an old gospel song with a refrain I love: 'I've got fire, fire, fire shut up in my bones.' We were all born with this fire, but beginning in childhood, we let others snuff it out. Passion is the log that keeps the fire of purpose blazing. Your work now is to find that fire and rekindle it—and then let it burn.

오프라 윈프리

성공은 상대적인 겁니다. 지금 실패했다고 하더라도 그것이 계기가 되어 성공을 이룰 수 있으니까요.

Success is relative. It is what we can make of the mess we have made of things.

T. S. 엘리엇T. S. Eliot 시인이자 극작가

희망은 어둠 속에서 시작되죠. 고집스런 희망은 만약 우리가 지금 있는 자리에서 옳은 일을 하려고 노력한다면 언젠가는 새벽이 밝아온다고 약속합니다. 그러니 기다리고, 지켜보고, 노력하세요. 포기하면 안 돼요.

Hope begins in the dark, the stubborn hope that if you just show up and try to do the right thing, the dawn will come. You wait and watch and work. You don't give up.

앤 라모트Anne Lamott 작가

우리 모두는 스스로가 상상하는 것보다 훨씬 가치 있는 사람이에요. 이 말은 우리가 아이들이나 부모님, 혹은 친구들에게 자주 들려주는 말이죠. 하지만 자기 자신에게는 얼마나 자주 이 말을 할까요? 그리고 만약 한다면, 얼마나 자주 그것을 증명해 보일까요? 또 얼마나 자주 새로운 것에 도전해보라고 스스로를 격려할까요?

We are more than we imagine ourselves to be. It's what we tell our children, our parents, our friends. But how often do we tell it to ourselves? And if we do, how often do we prove it? How often do we challenge ourselves to do something new?

베로니카 챔버스Veronica Chambers 작가이자 언론인 당신이 어떤 것을 할 수 있다고 믿든 할 수 없다고 믿든, 무조건 당신의 판단이 옳아요.

Whether you believe you can do a thing or not, you are right.

헨리 포드Henry Ford 자동차 회사 창업주

지상에서 보내는 인간의 삶에는 한계가 있고, 그 삶이 언제 끝날지 전혀 알 수 없다는 사실을 깨닫게 되면, 우리는 비로소 하루하루를 충만하게 살기 시작합니다. 마치 그 하루가 우리에게 허락된 모든 것이라는 듯이.

It's only when we truly know that we have a limited time on earth—and that we have no way of knowing when our time is up—that we will begin to live each day to the fullest, as if it [were] the only one we had.

엘리자베스 퀴블러 로스Elisabeth Kubler-Ross 심리학자

성공은 자기 자신을 사랑하고, 스스로의 일을 사랑하며, 자신이 그 일을 하는 방식까지도 사랑하는 겁니다.

Success is liking yourself, liking what you do, and liking how you do it.

마야 안젤루, 작가

자신의 입장을 강하게 견지하며 삶의 소명에 헌신할 때, 우리를 궁극의 순간으로 이끌어가는 것은 한 가지 중요한 선택이 아니라 수없이 해야 하는 사소한 선택들이죠.

It's really not just one choice that matters—it's all the baby choices that will lead you to the ultimate moment, when you can make the strongest stand and commitment to yourself and the life that's calling you.

오프라 윈프리

말을 하기 전에 스스로에게 두 가지 질문을 해보세요. 내가 진정 원하는 것은 무엇일까? 지금 말하려는 것이, 혹은 하려는 행동이 진정 내가 원하는 목표에 더 가까이 다가가도록 해줄까?

Before opening your mouth, ask yourself two questions: What do I really want? Is what I'm about to say or do right now going to get me closer to what I want?

테런스 리얼Terrence Real 관계 상담사

나는 능력이 허락하는 한 최고의 배우가 되겠다는 욕
망에 이끌려 살아요. 과정이야 얼마나 힘겹든 상관없어
요. 나는 지금도 여전히 오디션을 통해 배역을 따내야
만 하죠. 나같이 못생긴 배우가 아름다운 배우들이나 할
만한 배역을 소화해낼 수 있으리라고는 아무도 상상하
지 못하기 때문이에요. 그 배역과 나를 연관시키지 못
하는 거죠. 하지만 장담컨대, 내게 기회만 주어진다면
누구든 그 배역을 봤을 때 내 얼굴이 떠오르게끔 만들
어놓을 자신이 있어요.

My only guiding light has been my desire to be the
best actor I can be, no matter how daunting the
process. I still have to squeeze my way into auditions,
because people can't imagine that someone who looks
the way I do could play a certain role. It doesn't occur
to them—but I know I can make it occur to them, if
they just give me a chance.

샌드라 오Sandra Oh 배우

끊임없이 지속되는 유일한 것은 변화이고, 유일한 죄악
은 머물러 있는 것입니다.

Change is the only constant; hanging on is the only
sin.

데니스 매클루게이지Denise McCluggage 카레이서

운명은 기회의 문제가 아니라 선택의 문제입니다. 기다
린다고 찾아오는 것이 아니라 스스로 성취해야만 하죠.

Destiny is not a matter of chance, it is a matter of
choice; it is not a thing to be waited for, it's a thing to
be achieved.

윌리엄 제닝스 브라이언William Jennings Bryan 정치가

성공은 한 개인이 삶에서 도달한 지위로써 측정되는
것이 아니라 그가 극복해온 여러 곤경과 장애로써 평
가됩니다.

Success is to be measured not so much by the position
that one has reached in life as by the obstacles which
he has overcome.

부커 T. 워싱턴Booker T. Washington 정치 지도자이자 작가

성공의 공식을 알려줄 수는 없지만 실패의 공식은 알려줄 수 있어요. 그것은 바로 모든 사람을 만족시키려 애쓰는 거예요.

I cannot give you the formula for success, but I can give you the formula for failure, which is: Try to please everybody.

허버트 베이야드 스워프Herbert Bayard Swope 언론인

성공의 비밀 같은 건 없습니다. 그건 단지 준비와 노력 그리고 실패로부터 얻는 배움의 결과일 뿐이니까요.

There are no secrets to success. It is a result of preparation, hard work, and learning from failure.

콜린 파월Colin Powell 전직 미국 국무장관

용기의 진정한 의미는 무릎이 후들거리고 심장이 두방 망이질칠 만큼 두렵더라도 한 발 앞으로 나서는 것이죠. 세상 누구도 이해해주지 않는 발걸음일지라도 개의치 마세요. 물론 쉽지는 않겠죠. 하지만 대담하게 행동에 옮기는 것이야말로 우주가 우리를 위해 준비해둔 장대한 비전으로 나아갈 유일한 길입니다.

46

The true meaning of courage is to be afraid, and then, with your knees knocking and your heart racing, to step out anyway—even when that step makes sense to nobody but you. I know that's not easy. But making a bold move is the only way to truly advance toward the grandest vision the universe has for you.

오프라 윈프리

만약 삶이 한바탕 신나게 뒹굴어볼 만한 놀이를 제공하지 않는다면, 스스로 하나 만들면 되죠.

If life doesn't offer you a game worth playing, then invent a new one.

앤서니 J. 단젤로Anthony J. D'Angelo 작가

여성들은 아무리 영향력 있는 사람일지라도 권력에는 전혀 관심을 두지 않고 자신의 길을 간다고 이야기합니다. 그런데 남자들의 입에서 그 말이 나왔다고 상상해보세요.

Even the most powerful women I know go out of their way to say that they're not really interested in power. Imagine a man saying that.

수전 에스트리치Susan Estrich 변호사

만약 당신이 뭔가 하고 싶다면, 그것이 정말 무책임한 일이라고 해도 못할 이유가 뭐죠? 어쩌면 당신이 늘 떠나고 싶어 하던 여행일지도 모르는데 말이에요.

If you have an impulse to do something, and it's not totally irresponsible, why not do it? It might be just the journey you've always needed.

티머시 허턴Timothy Hutton 배우

성공하고자 한다면 하나를 얻기 위해 반드시 하나를 포기해야만 하죠. 만약 누군가 은행 금고에는 엄청난 돈을 쌓아두고 있지만, 정서나 가족, 육체 그리고 정신적인 가치를 보관하는 금고에는 아무것도 넣을 것이 없다고 한다면, 우리는 그런 경우를 파산한 삶이라고 부르죠.

I have never encountered a successful person who didn't have to sacrifice in one area of life in order to be successful in another……. If you have tons of resources in the monetary account but zero balances in the emotional, family, physical, and spiritual accounts, that spells a bankrupt life.

필 맥그로, 심리학자

나는 거창하게 꿈꾸는 걸 좋아해요! 교육은 세상을 열어주는 열쇠이자 자유로 가는 여권이며, 아프리카 아이들에게 있어서는 모든 걸 의미하죠. 그러니 이제 앞으로 실현될 내 꿈을 무한한 기쁨으로 여러분에게 소개하겠습니다. 여기 여성으로 자라나 내일의 지도자가 될 소녀들이 있습니다.

I like to dream big! Education is the key to unlocking the world, a passport to freedom — and to the children of Africa, education is everything. So it's with tremendous pleasure that I introduce you to my dreams come true: the girls who will grow up to be the women who will be the leaders of tomorrow.

오프라 윈프리

나는 당신이 그저 일어서서 걸어가는 것만으로도 당신을 위한 삶이 열릴 것이라고 믿어요.

I believe that if you'll just stand up and go, life will open up for you.

티나 터너Tina Turner 가수

나는 이루고 나서 반드시 후회할 만한 야망 때문에 무언가를 시도해본 적은 없어요. 야망이라는 단어가 잘 어울리는 여자도 있기는 해요. 하지만 그 야망 때문에 세상이 자신을 미워한다고 느낀다면, 수업시간에 손을 번쩍번쩍 들어 자신의 실력을 알리는 행위는 삼가는 게 좋아요. 물론 그러지 않고도 A학점을 받는다면 더없이 좋겠죠.

I've never done anything for the sake of ambition that I regret……. Ambition can look very good on some women. If you find the world hates you for it, then sure, stop raising your hand in class—but be sure to get the A anyway.

조니 에반스Joni Evans 출판 에이전트

내가 믿는 가능성이란 침착하게 확신에 차서 능력을 발휘할 때 무한대로 확장되는 거예요. 전에는 오직 한 가지 방면에서만 내 능력을 발휘할 수 있다고 생각했지만, 지금 세상은 여러 방면에서 나를 원하고 있어요. 나는 직업에서도 충분히 실력을 발휘하고 있지만, 길 잃은 고양이들에게 사랑 넘치는 집을 찾아주는 일도 하고 있죠.

My definition of possible has broadened remarkably, as
has my ability to pursue those possibilities with calm
assurance. In the past, I thought I could only bring
one thing to the world, but now the world is welcoming
me in other ways. My career is fulfilling, but so is
finding a stray cat a loving home.

스테이시 그렌록-우즈Stacey Grenrock-Woods 방송작가

생존은 위기를 맞기 전에 우리가 있던 곳으로 다시 돌
아가게 해주는 끊임없는 인내의 과정이죠. 그리고 번성
은 회복을 훨씬 넘어서는 뛰어난 복원력을 의미해요.
번성하는 이들은 도전을 그만두고 새로운 목표를 세워
야 할 때가 언제인지 알아요. 때로 의미 있는 포기는 인
내보다 훨씬 나은 정책이 되기도 하죠.

Surviving is unrelenting perseverance that brings us
back to where we were before our crisis. Thriving is a
kind of superresilience that goes far beyond recovery.
Thrivers know when it's time to disengage from a challenge
and set new goals. Sometimes creative surrender is a
better policy than perseverance.

폴 피어설Paul Pearsall 심리학자

자존감이 결여된 사람을 가만히 살펴보면 전혀 위험을 감수하려 들지 않을 뿐 아니라, 충분히 성공해본 적도 없어요. 어느 누구도 당신을 설득해서 자신감을 갖게 만들 수는 없죠. 그건 오직 성공을 통해서만 얻을 수 있는 감정이니까요.

I think people who lack self-esteem lack it because they haven't taken enough risks and haven't succeeded enough. Nobody can talk you into feeling good about yourself—you get the solid good feelings from success.

데이비드 K. 레이놀즈David K. Reynolds 심리치료사

내게 있어서 성공의 길은 엄청난 부귀영화나 명성을 얻는 것과는 전혀 관련이 없었죠. 그것은 더 나아지기 위해 그리고 모든 수준에서 최고가 될 수 있도록 나 자신을 격려하고자 끊임없이 노력하는 과정일 뿐이었어요. '어떻게 하면 내 안의 잠재력을 최대한 발휘할 수 있을까?' 이것이 바로 예나 지금이나 변함없이 내가 매일 스스로에게 던지는 질문이에요. 그리고 한 가지 확신할 수 있는 사실은 당신이 목표를 향해 나아갈 때에야 비로소 담대한 꿈이 그 뒤를 따른다는 것이죠.

For me, the path to success was never about attaining incredible wealth or celebrity. It was about the process of continually seeking to be better, to challenge myself to pursue excellence on every level. The question I ask everyday is the same as it's always been: How much farther can I stretch to reach my full potential? What I know for sure is that it's only when you make the process your goal that the dream can follow.

오프라 윈프리

Oprah Winfrey

사랑과
우정

The chance to love and be loved
exists no matter where you are.

사랑하고
사랑받을 기회는
우리가
어디에 있든
찾아옵니다.

오프라 윈프리

친밀감은 드물죠. 그렇기 때문에 소중해요. 게다가 그것은 자신의 온전한 자아를 드러내게 하고 상대의 진정한 모습(화장도 안 하고, 고급 승용차도 없고, 치명적인 매력도 필요치 않고, 유혹적인 시선도 던지지 않는)을 애정 어린 시선으로 바라보게 합니다. 그렇기 때문에 정말 얻기 힘든 것이죠. 친밀감은 정확히 같은 정도의 정직과 친절(물론 친절이 약간 더 필요할지도 모르겠네요.), 신뢰와 진실 그리고 용서와 용서할 수 있는 능력을 필요로 합니다. 아니, 그것만으로도 충분치 않은 더 가치 있는 것이죠. 단지 축복이라는 말만으로는 부족한 거예요.

All intimacy is rare—that's what makes it precious. And it involves the revelation of one's self and the loving gaze upon another's true self (no makeup, no fancy car, no defensive charm, no seduction)—that's what makes it so damn hard. Intimacy requires honesty and kindness in almost equal measure (a little more kindness, I think), trust and trustworthiness, forgiveness and the capacity to be forgiven⋯⋯. It's more than worth it—just don't let them tell you it's bliss.

에이미 블룸Amy Bloom 작가

충만한 마음으로 이웃을 사랑하라는 말의 의미는 단순
합니다. 이웃에게 다가가 "요즘 어떻게 지내세요?" 하
고 물을 수 있어야 한다는 거죠.

The love of our neighbor in all its fullness simply means
being able to say to him, 'What are you going through?'

시몬 베유Simone Weil 철학자

당신이 힘든 시간을 보내고 있을 때, 어떻게 알았는지
사람들이 다가와 잘 지내고 있느냐고 묻는 것, 그게 바
로 사랑의 힘이에요.

To know that people care about how you're doing
when the doings aren't so good—that's what love is.

오프라 윈프리

사랑은 깊고 영원불멸한 인간의 조건입니다. 인간은 반
드시 사랑받고 사랑해야 하죠.

This is a deep, permanent human condition, this need
to be loved and to love.

애니 프루Annie Proulx 작가

남자는 사랑하는 여자가 자신을 높이 평가하고 있다는 사실을 알게 되면, 그녀를 기쁘게 하는 데 훨씬 적극적이 되죠.

A man will feel even more motivated to please a woman he loves if he knows that, in general, she already thinks the world of him.

제이 카터Jay Carter 심리학자

한 쌍의 이상적인 부부가 백년해로하기까지는 자잘한 이혼 위기를 수도 없이 겪어요. 바비인형과 환상 속에서나 등장할 것 같은 남편으로 맺어진 커플은 절대 오래가지 않는답니다. 인형은 언제든지 버릴 수 있잖아요.

There are a lot of little divorces that have to occur for a good marriage to last. Barbie Doll and fantasizing hubby didn't last. We did because we were able to discard them.

줄리아 알바레스Julia Alvarez 작가

사람들이 보통 그러잖아요. 누군가를 사랑하기 전에 자신을 먼저 사랑해야 한다고. 그런데 젠장, 난 그걸 반대로 했지 뭐예요.

I know it's said you should love yourself before you can be in a relationship, but hell, I did it backward.

제니퍼 애니스턴Jennifer Aniston 배우

만약 당신이 스스로에 관해 아이팟 이래로 가장 대단한 인물이라고 말하면서도 사실은 기껏해야 여덟 트랙짜리 녹음기밖에 되지 않는다고, 혹은 튼튼한 그물과 한 무리의 사냥개를 동원해도 남자 하나 건져 올리지 못하는 뚱뚱한 여자에 불과하다고 생각한다면, 보나마나 당신은 속세를 떠나 있는 수녀보다도 더 많은 밤을 홀로 지내게 될 거예요.

If you're telling yourself that you're the greatest thing since the iPod but deep down inside you believe you are an eight-track player or the 'chubby girl' who couldn't catch a man with a net and a pack of hunting dogs, then you're heading for more nights alone than a cloistered nun.

필 맥그로, 심리학자

우리는 사랑이라는 선물을 받아요. 하지만 사랑은 매우 소중한 식물과도 같아서 계속 물도 주고 세심히 신경 쓰며 보살피고 키워야 하죠.

We've got this gift of love, but love is like a precious plant·······. You've got to keep watering it. You've got to really look after it and nurture it.

존 레논John Lennon 가수

좋은 남편이 되는 건 훌륭한 코미디언이 되는 것과 같아요. 자기 자신을 신참이라고 부르는 데만도 최소한 10년은 걸리거든요.

Being a good husband is like being a good stand-up comic—you need ten years before you can even call yourself a beginner.

제리 사인펠트Jerry Seinfeld 코미디언

그 무엇보다도 사랑은 자기 자신을 위한 선물입니다.

Love is, above all else, the gift of oneself.

장 아누이Jean Anouilh 극작가

어떤 이는 디카프리오를 욕망하고, 또 누군가는 조지 클루니에 흠뻑 빠져 있지만, 나는 데스몬드 투투를 흠모해요. 심지어 그분을 대주교 왕자님이라고까지 부르죠. 그러니 무슨 할 말이 더 있겠어요. 난 늘 고결한 인품과 반짝이는 눈동자만 보면 사족을 못 쓴다니까요.

Some desire DiCaprio, others crave Clooney, I have a little thing for Desmond Tutu, or as I like to call him, Archbishop McDreamy. What can I tell you? I've always been a sucker for integrity and twinkly eyes.

리사 코간Lisa Kogan 작가

그건 아주 간단합니다. 당신에게 상처 준 사람을 용서하지 못한다는 건 미래에서 등을 돌리는 것과 마찬가지예요. 용서를 하고 나면 그제야 비로소 앞으로 나아갈 수 있거든요.

It's simple: When you haven't forgiven those who've hurt you, you turn your back against your future. When you do forgive, you start walking forward.

타일러 페리Tyler Perry 영화감독

남편과의 관계에 생긴 구멍을 메우려고 난 늘 집안일에만 열중했어요. 남편과 정서적 유대감을 느끼지는 못해도 밥 정도야 해 먹일 수 있었으니까요. 남편이 나를 더 많이 또는 더 잘 사랑하게 만들 수는 없어도 요리하고 청소하고 집안을 꾸미는 일 정도는 할 수 있었거든요. 하지만 내가 실밥 개수나 헤아리고 파이 껍질이나 굽는 등 남편과의 관계 개선에는 아무런 도움이 되지 않는 온갖 일을 해대는 동안, 그 일들이 나를 여유 없고 따분한 사람으로 만들어버렸어요. 8년 동안의 결혼생활을 끝내고, 마침내 살림살이라는 노동에서 해방된 기분은 이루 다 말로 못할 정도예요.

I had latched onto domesticity to fill the holes in my relationship. I couldn't connect emotionally with my husband, but I could feed him. I could not make him love me more or better, but I could cook and clean and decorate……. In time these choices made me tight and joyless, as I fretted about thread counts and piecrusts and all manner of things that did not bring us an inch closer……. After eight years of marriage, it was exhilarating to break free of the need to accommodate.

앨리슨 글록Allison Glock 작가

실제로 섹스라는 것을 하려면, 상대와 사랑에 빠져야 할 뿐 아니라 그의 병원 진료기록에도 합법적으로 접근할 수 있어야 해요. 물론 그렇게 하면 잠시 동안의 쾌락은 놓칠지 몰라도 오랜 화합을 이룰 터전을 마련할 수 있죠. 처음 서로에게 느끼는 불꽃 튀는 감정은 가까운 모텔로 향하게 하는 원동력이 될 뿐 아니라 장기적인 조사에도 착수하게 만드는데, 그것은 정체를 알 수 없는 재료를 케이크 안에 포함시킬지 말지를 결정하기 전에 거쳐야 하는 조사 같은 거라고 생각할 수 있어요.

To actually have sex, I must be not only in love but also in full legal possession of the other party's medical records. The advantage of this approach is that what you miss in casual thrills, you gain in long-term compatibility. That initial spark of interest leads not only to the nearest motel room but to the prolonged scrutiny you would give an unrecognizable substance before deciding to include it in a cake.

마사 베크, 인생 상담사

우리는 심각한 재정 적자뿐 아니라 무역 적자까지 겪고 있지만, 내가 가장 염려하는 것은 다름 아닌 공감의 결핍입니다. 따라서 학생들과 이야기할 때, 나는 다른 사람의 눈을 통해 세상을 바라보는 것이 그 무엇보다도 중요하다고 강조하죠.

We've got a budget deficit that's important, we've got a trade deficit that's critical, but what I worry about most is our empathy deficit. When I speak to students, I tell them that one of the most important things we can do is to look through somebody else's eyes.

버락 오바마Barack Obama 미국 대통령

자기 자신이나 다른 사람의 비열함을 참아내기 시작하는 순간, 우리는 스스로의 권위를 그릇된 일에 헌신하는 결과를 낳게 되죠. 우리에게는 더 나아질 능력과 의무가 있어요.

The moment we begin tolerating meanness, in ourselves and others, we are using our authorial power in the service of wrongdoing. We have both the capacity and the obligation to do better.

마사 베크, 인생 상담사

옥시토신은 신뢰와 애착의 느낌을 갖게 해주는 뇌의 화학물질입니다. 남자는 키스할 때 많은 양의 옥시토닌이 분비되고, 여성은 사랑하는 사람의 손을 잡으면 옥시토닌이 흘러넘치며, 오르가슴을 느끼는 동안에는 남녀 모두 그 강력한 물질에 푹 잠기게 되죠. 그러니 서로를 육체적으로 즐기도록 하세요. 기분 좋은 섹스는 친밀감을 형성하는 매우 좋은 방법이거든요.

Oxytocin is a brain chemical that produces feelings of trust and attachment. Men get a blast of it when they kiss, women feel a rush when they hold a lover's hand, and during orgasm, both partners are flooded with the powerful substance……. enjoy each other physically. Good sex really does build intimacy.

헬렌 피셔Helen Fisher 인류학자

자신을 사랑하게 되면 마주치는 모든 사람에게 그 사랑을 확장시키는 법을 배울 수 있어요.

Love yourself and then learn to extend that love to others in every encounter.

오프라 윈프리

장미꽃, 사랑의 쪽지, 저녁식사와 춤은 늘 환영받는 훌륭한 구애 수단이에요. 하지만 고디바 초콜릿이 다 떨어지고 나면, 진정한 사랑의 선물이란 당신과 함께 머나먼 삶의 여정을 헤쳐나갈 누군가를 얻는 것임을 곧 알게 될 거예요. 웨딩 리무진이 고장 났을 때 함께 버스 옆자리를 나누어 앉을 바로 그 사람 말이에요.

The roses, the lovely notes, the dining and dancing are all welcome and splendid. But when the Godiva is gone the gift of real love is having someone who'll go the distance with you. Someone who, when the wedding day limo breaks down, is willing to share a seat on the bus.

오프라 윈프리

사랑에서 하나 더하기 하나는 하나가 되죠.

In love, one and one are one.

장 폴 사르트르Jean-Paul Sartre 철학자

남자가 자신의 역할이 무엇인지 깨닫는다는 것은 사실 혼란스러울 수 있어요. 당시 나는 곧 결혼하기로 약속한 여성과 함께 있었고, 그녀의 삶에서 중요한 사람이 되려 애쓰는 중이었죠. 한 여인의 인생에서 중요한 타인이 된다는 것은 어떤 의미였을까요? 그것은 그녀가 말을 할 때 들어줄 필요가 있음을 의미하는 것이었죠. 하지만 그녀의 문제를 해결해주려 애쓰는 동안 나는 상황을 통제해야 한다는 그릇된 생각을 하게 됐고, 쓸데없이 해결책을 제시함으로써 스스로 인생을 통제할 만큼 충분히 강인한 여성을 무시하는 결과를 불러오고 말았어요.

As a man, it can be confusing to know what role to play. There I was, with the woman I would soon marry, trying to jockey for position in her life. What did it mean to be her significant other? ······It meant that I needed to hear her when she spoke to me. Trying to come up with ways to solve her problems gave me a false sense of control, and when I offered up unsolicited advice, I was disrespecting a strong woman who knew how to handle her own life.

블레어 언더우드Blair Underwood 배우

기분 좋은 사랑, 즉 건강한 사랑은 일종의 놀이나 다름 없어요. 거리낌 없이 즐겁게 사랑하세요. 그리고 자신을 위해 사랑이 할 수 있는 일이 무엇일까 찾아보는 겁니다. 당신을 성적으로 행복하게 만드는 것이 무엇인지도 알아내고, 여성으로서 자신이 가진 힘도 인식하는 거예요. 그러고 나서 열정적으로 사랑을 즐기는 겁니다.

Good sex, healthy sex, is a kind of play. Be willing to get good at it, and find out what it's going to take for you to like and accept yourself. Know what makes you happy sexually. Acknowledge the power you have as a woman. Then give yourself permission to be sexual and enjoy it.

필 맥그로, 심리학자

나는 인생이란 나눌수록 풍요로워진다는 사실을 늘 알고 있었어요. 그리고 지금은 그 반경을 넓혀갈수록 더욱 달콤해진다는 사실도 깨달았죠.

I've always known that life is better when you share it. I now realize it gets even sweeter when you expand the circle.

오프라 윈프리

결혼하기 위해 반드시 필요한 것이 있어요. 용기, 희망 그리고 대담한 선언을 할 수 있도록 하는 강렬한 욕망이죠. 결혼생활을 지속하는 데도 필요한 것이 있는데, 그것은 더 큰 희망, 유머 감각 그리고 부부가 되어 서로의 욕구를 최대한 충족시킬 수 있는 연분이에요.

It takes something to get married: nerve, hope, a strong desire to make a certain statement—and it takes something to stay married: more hope, determination, a sense of humor, and needs that are best met by being in a pair.

에이미 블룸, 작가

잘 살고, 자주 웃고, 많이 사랑하는 사람이 성공을 쟁취합니다.

He has achieved success, who has lived well, laughed often, and loved much.

베시 A. 스탠리Bessie A. Stanley 시인

인생에서 사랑은 한 번 이상 찾아옵니다. 모든 연령대의 사람이 사랑을 하는데, 그것은 사랑의 기회뿐 아니라 내적인 삶도 변화하기 때문이에요. 나는 사랑이라는 게 나이 서른이 될 때까지 찾지 못하면 목록에서 지워버려야 하는 그런 종류의 것이라고는 생각하지 않아요.

People can love more than once. And love happens to people of all ages, because one's internal life changes, as well as one's opportunities. I don't see love as something that if you don't get it by the time you're thirty, cross it off the list.

에델 퍼슨Ethel Person 의사이자 정신분석학자

엄마가 된다는 것은 세상에서 가장 고된 일이에요. 세상 어느 곳에 사는 여성이라도 그렇게 선언할 겁니다.

Being a mother is the hardest job on earth. Women everywhere must declare it so.

오프라 윈프리

결혼의 모든 측면은 협상 가능해야 해요. 섹스, 종교, 재정, 가사 노동의 분담 등 이런저런 이슈에 관해 서로 편안한 협의점에 도달해야 한다는 거예요. 권리를 주장하세요. 물론 세심한 주의가 필요하겠지만, 주장할 것은 주장해야죠.

Every aspect of marriage has to be negotiated: You must reach a comfortable agreement on sex, religion, finances, division of labor—just to name a few issues······. Claim your rights. Do so with sensitivity, but claim them nonetheless.

필 맥그로, 심리학자

나를 칭송하면서도 비난하는 사람과 함께 사는 것과, 홀로 지내는 것 중에서 하나를 선택하라면, 나는 혼자 남겠다고 할 거예요. 좋은 친구들과 어울리며 자유를 만끽하는 편이 훨씬 낫잖아요.

If I had to choose between someone there at home who celebrates with you but who also criticizes you, and being alone, I'd rather be alone, keep my good friends, and have my freedom.

완다 사익스Wanda Sykes 코미디언

추구할 만하고, 유지할 만하며, 솔직히 말해서 이혼도 불사하고 얻으려 할 만큼 가치 있는 관계 속에, 양쪽 파트너는 그들이 얻을 수 있는 것보다도 훨씬 많은 것을 상대에게 베풀려고 노력하죠. 그럴 만한 '가치가 있다'는 사실은 중요치 않아요. 서로에게 '빚지고 있다'는 말도 역시 아무 의미 없죠. 중요한 것은 가능한 한 상대를 행복하게 해주고자 애쓴다는 것인데, 상대의 행복은 바로 자신의 행복이기 때문이에요. 또한 임자만 제대로 만난다면 베푸는 모든 것을 다시 얻을 수 있으니까요.

In a true partnership, the kind worth striving for, the kind worth insisting on, and even, frankly, worth divorcing over, both people try to give as much or even a little more than they get. 'Deserves' is not the point. And 'owes' is certainly not the point. The point is to make the other person as happy as we can, because their happiness adds to ours. The point is—in the right hands, everything that you give, you get.

에이미 블룸, 작가

최고이자 최상의 매력은 관대함과 도덕적인 선을 보여
주고 자아를 타인에게까지 확장시켜 그들이 빛을 발하
게 돕는 것이죠. 상대가 긴장을 풀고 속마음을 털어놓
게 돕는 매력은 우리 자신도 빛을 발하게 만들어요. 언
뜻 생각해낼 수 있는 다른 자질과는 달리, 매력은 스스
로를 내세우지 않는 자기 방어적 특징과 함께 관심을
끌어모으는 경향이 있죠.

At its best, highest form, charm is a show of generosity
and moral goodness, an extension of the self toward
others that permits them to shine. By helping others
relax and unfold, charm allows you to shine, too.
Unlike any other quality I can think of, it's self-
effacing, self-protective, and attention-getting at the
same time.

피터 스미스Peter Smith 작가

다양한 그룹의 여성들이 서로 교류할 때마다 변화의
물결은 확실히 일어납니다.

Wherever groups of women make connections with
other groups of women······ we are affirming a network
of change.

블랑슈 벨센 쿡Blanche Welsen Cook 작가

배우자를 맞는다는 것은 거울을 마주 보고 서는 것과
같아요. 스스로가 얼마나 멋진 사람인지 발견하는 동시
에 얼마나 많은 정서적 치료가 필요한지 깨닫게 되기
때문이죠. 배우자란 바로 그런 역할을 하게끔 되어 있
어요. 동화 속에서나 나올 법한 '그 후로 오랫동안 행복
하게 살았대요.'라는 말은 실제 사랑과는 아무 상관이
없죠.

Having a mate is like holding a mirror up to yourself.
You see both how good you look and how much emotional
surgery is required. That's the way it's supposed to be.
The fairy-tale notion of happily-ever-after that we've
all bought into is indeed a tale and nothing like real
love.

오프라 윈프리

사랑의 기쁨은 사랑에 빠져 있다는 사실 그 자체예요.

The pleasure of love is in loving.

프랑수아 드 라 로슈푸코François de La Rochefoucauld 작가

실패한 사랑을 실패한 경험으로 단정지을 것이 아니라 성장 과정의 일부로 간주해야 해요. 좋은 결말을 거둔 일만이 삶에서 가치 있는 경험으로 남는 것은 아니거든요.

People should not judge failed love affairs as failed experiences but as part of the growth process. Something does not have to end well for it to have been one of the most valuable experiences of a lifetime.

에델 퍼슨, 의사이자 정신분석학자

사람들의 관심을 받고 싶다면 유화나 요리, 야생동물 보호처럼 그들과 아무 상관이 없는 일에 먼저 당신의 관심을 집중하세요. 당신이 그 일에 집중하면 할수록 점점 더 많은 관심을 받게 될 겁니다.

If you want to capture people's attention, put your own attention on something that has nothing to do with them: oil painting, cooking, wildlife rescue. The more you get lost in what you're doing, the more interesting you'll become.

마사 베크, 인생 상담사

사랑은 확장되는 거라고 믿어요. 누군가에게 사랑을 베풀고, 상대가 그것을 받아들인 후 화답을 하면 그 사랑은 점점 더 커져만 가죠. 그게 바로 사랑의 미덕이에요. 사랑은 에너지라서, 누군가에게 베풀면 그들도 또 다른 사람에게 그것을 전달하게 되고 결국은 다시 처음 그 자리로 돌아온답니다.

I believe that love expands. As you give love out, it's received and reciprocated—and it grows. That's the beauty of it. Love is an energy. You can feed it to people, and they in turn feed it to others, and eventually it comes back.

힐 하퍼Hill Harper 배우

모든 이에게 정중하되 몇몇 사람과는 친밀한 관계를 유지해야 합니다. 그리고 그 몇 사람을 전적으로 신뢰하기에 앞서 그들이 스스로를 증명하게 하세요.

Be courteous to all but intimate with few; and let those few be well tried before you give them your confidence.

조지 워싱턴George Washington 미국 초대 대통령 한때 사랑은 기쁨, 즐거움, 행복 등을 떠올리게 하는 말이었죠. 그리고 만약 다시 그렇게 될 수만 있다면 그보다 더 좋은 건 없을 거예요.

Love was once associated with joy, fun, and happiness, and it would be nice if it were so again.

제임스 콜린스James Collins 작가

우리는 사랑을 하기 위해 필요한 것이 무엇인지 결정해야만 해요. 진저 로저스와 프레드 아스테어의 관계는 내게 아무런 감흥도 불러일으키지 않아요. 그 만성적으로 건강한 영화 속 커플은 1930년대 할리우드식의 완벽한 사랑을 나누며 살아갈 수 있겠지만, 물리적 결함이 있는 현실의 사람들은 절대로 그럴 수 없거든요. 전인적 인간은 결함 있는 부품의 집합체에 머물러서는 안 됩니다.

We must decide what we need love to be. Ginger Rogers and Fred Astaire offer no insight for me. The chronically healthy can live that 1930s Hollywood version of perfect love. The physically flawed cannot. The whole person must be more than the sum of flawed parts.

리처드 M. 코헨Richard M. Cohen 언론인

우리 세대에는 사람들이 서로 사랑하기 때문에 결혼도 하고 함께 살아간다고 믿었지만, 이제 더는 그런 믿음이 존재하지 않는 듯해요. 사랑은 동사여서 행동으로 옮길 때에만 그 위력을 발휘하죠. 사랑하는 관계가 저절로 지속되리라고 생각한다면 큰 오산이에요. 아무런 노력 없이 얻을 수 있는 것 중에 가치 있는 것은 하나도 없거든요.

What my generation was raised to believe—that people get married and stay together because they love each other—is no longer the whole truth. Only when love is a verb and put into action does it thrive. It's a mistake to think that a loving relationship is going to automatically sustain itself. Nothing worth having happens without work.

오프라 윈프리

사랑은 모든 것이에요. 싸울 만한 가치가 있고, 용감해질 필요가 있으며, 그것을 위해서라면 모든 것을 희생할 수도 있죠.

Love is everything it's cracked up to be……. It really is worth fighting for, being brave for, risking everything for.

에리카 종Erica Jong 작가

우리는 자신뿐 아니라 가족에 관해서도 잘 알고 있어
야 해요. 내 경우를 들어보면, 난 엄마의 자상함과 실용
적인 삶의 방식에 무한한 고마움을 느끼며 성장했어요.
하지만 그래도 내게는 지각 있는 양 한 마리보다는 약
간은 부주의한 사자 한 마리가 인생을 살아가는 데 더
필요하다는 사실을 깨달았죠. 그래서 사자와 결혼했어
요. 물론 자동차 조수석 천장에 달린 '오, 젠장' 손잡이
를 움켜잡고 "제발, 여보, 속도 좀 줄여요!"라고 소리를
지르는 짓은 죽어도 못할 것 같아요. 하지만 "여보, 당
신이 무서우면 언제든지 차 돌려도 돼요."라고 규칙적
으로 말해주는 아내의 역할은 마음에 들어요.

Know yourself and know your family. For me, that
means knowing that, as much as I appreciated my
mother's sweetness and practical ways, I need a slightly
reckless lion more than I need a sensible lamb in my
life……. I married a lion, and although I never pictured
myself being the person hanging on to the 'oh shit' bar
on the passenger side, saying, 'For God's sake, honey,
slow down!' I do prefer that to being the person who
says, regularly, 'Honey, if you're scared, we can turn
around.'

에이미 블룸, 작가

샤워는 규칙적으로 하잖아요, 안 그래요? 남녀관계에 있어서 육체적인 친밀감이 얼마나 중요한지 아세요? 그런데 어떻게 샤워하는 만큼의 노력도 기울이지 않으려 하죠? 시간을 쪼개서라도 사랑을 나누세요. 그래요, 계획을 세우면 자발성이 사라지기는 하죠. 그렇지만 적어도 사랑을 나누잖아요!

You shower regularly, right? Something as important as the physical intimacy of a relationship deserves at least as much emphasis as a shower! Carve out time for lovemaking. Yes, it takes away spontaneity when you have to pencil in sex, but at least you'll be having it!

필 맥그로, 심리학자

다른 사람의 내적인 경험에 진정 사심 없는 관심을 기울이는 모습은 나로서는 도저히 흉내도 내기 힘든, 머리를 획 젖혀 올리는 뇌쇄적 자태보다도 훨씬 유혹적으로 보여요.

Detached, genuine interest in another person's inner experience is, if anything, more seductive than the hair flips I will never master.

마사 베크, 인생 상담사

나는 낭만적인 사랑이 가장 뛰어난 변화 촉진 인자라고 생각해요. 사랑에 빠지면 우리는 지금까지와는 다른 방향에서 자기 자신을 바라보게 되고, 그 관계 속에서 어떤 일이 일어나든 간에 변화라는 것을 겪게 되죠. 전에는 몰랐던 무언가를 알게 되고, 자신에게 있는 줄도 몰랐던 능력도 발견하게 됩니다.

I think romantic love is one of the great change agents. We come to know ourselves in a different way when we fall in love, and whatever happens to that relationship, we are changed. We know something we didn't know before. We discover capacities that we didn't know we had.

에델 퍼슨, 의사이자 정신분석학자

2년 정도면 누군가를 인생의 동반자로 맞이해도 좋을지 파악하는 데 충분히 긴 시간이죠. 내 이론에 따르면 무언가를 결정하도록 자신을 설득하는 데 너무 오랜 시간이 걸린다면, 그 결정은 하나마나예요.

Two years ought to be long enough to figure out whether you want somebody to be your life partner. My theory has always been if it takes a person that long to talk himself into something, then it's not right.

필 맥그로, 심리학자

만약 우리가 어떤 이의 삶, 행동, 경험 등을 자신의 삶이나 경험보다 더 많이 이해하고 기뻐해준다면, 그것을 사랑이라는 말 외에 무엇으로 설명할 수 있을까요?

What else is love but understanding and rejoicing in the fact that another person lives, acts, and experiences otherwise than we do……?

프리드리히 니체Friedrich Nietzsche 철학자

계획은 실패하기 쉽고 꿈은 불확실한 것이라고 이야기들 하죠. 그러나 아침이 밝아오면 우리 곁에는 늘 달콤한 구원과 기분 좋은 잡담, 그리고 가끔은 점심식사와 함께 소비농 블랑 와인 한 잔을 제공해줄 친구들이 기다리고 있잖아요. 만약 희망을 품어야 할 이유가 있다면, 친구가 바로 그 이유라고 생각해요.

Plans frequently fail and dreams have been known to dim. But come the morning, there are your friends offering sweet salvation and good gossip and the occasional glass of sauvignon blanc with lunch. If ever there was a reason for hope, I think maybe that's it.

리사 코간, 작가

배우자의 실수에만 관심을 기울이는 심리적 습관을 긍정적으로 바꿔보세요. 그러면 상대의 장점을 볼 수 있어요.

Change from a critical habit of mind, in which you're very involved with your partner's mistakes, to a positive one, in which you catch him doing something right.

존 가트맨John Gottman 심리학자

더는 할 일 목록에 아무것도 남아 있지 않고, 격분할 일도 없으며, 이메일함도 비어 있는 생의 마지막에 이르러 그간의 삶을 돌이켜볼 때, 그때까지도 가치 있게 느껴지는 것이 있다면 그것은 바로 사랑하고 사랑받은 것에 관한 추억뿐일 거예요.

I know for sure that in the final analysis of our lives—when the to-do lists are no more, when the frenzy is finished, when our e-mail boxes are empty—the only thing that will have any lasting value is whether we've loved others and whether they've loved us.

오프라 윈프리

불확실하면서도 불가피한 고통과 실망, 반드시 필요한 용기, 친밀감 그리고 확실하게 보장된 실패 속으로 기꺼이 자신을 던지며 곤두박질쳐 들어갈 준비가 된 두 사람을 제외하고는 오랫동안 행복한 결혼생활을 유지하게끔 보장해줄 만한 것은 아무것도 없어요. 결혼에는 반드시 두 사람이 필요한데, 그건 사실 좀 안타까운 일 아닌가요? 왜냐하면 그다지 나쁘다고만은 할 수 없는 많은 결혼에서 보통 한쪽 배우자는 그러한 도약을 기꺼이 감수할 준비가 되어 있는 반면, 다른 한쪽은 전혀 그럴 마음이 없기 때문이에요. 하지만 양쪽 배우자 모두가 몇 년 전 자신들의 모습보다 훨씬 만족스럽고, 섬세하며, 더 정직한 사람으로 기꺼이 바뀔 의도가 있다면, 그 운 좋은 몇 사람은 정말 길고 행복한 결혼생활을 누릴 수 있을 거예요.

Nothing guarantees a long and happy marriage except two people willing to throw themselves, headlong, into the uncertainty, the inevitable pain and disappointment, the absolutely guaranteed failures and essential bravery, of intimacy. It does take two—and that's a shame, because so many not-too-bad marriages have one person who is willing to make that leap and one who is, at heart, not—but if you have two people who are willing to make themselves better, more vulnerable, more honest than they were the year before, you, you lucky few, have a shot at the long and happy.

에이미 블룸, 작가

'당신같이 멋진 여자가 왜 지금까지 독신으로 있는지 내가 그 이유를 알려줄게요.'라는 말은 절대로 입 밖에 내서는 안 돼요. 당신이 그 말을 뱉어내는 순간 그 멋진 여성은 보나마나 지난번에 당신과 똑같은 말을 했던 신사에게 어떤 일이 일어났는지 매우 암울하고 노골적인 세부 사항을 들려줄 테니까요. 장담컨대, 당신은 결코 그 내용이 듣고 싶지 않을걸요.

Here's a phrase that must never, ever cross your lips: 'Let me tell you why a terrific gal like you is still single……..' Because that terrific gal is then likely to explain in dark and visceral detail what happened to the last gentleman who uttered those very words—and, trust me, you really don't want to know.

리사 코간, 작가

사랑을 하면서 사랑을 받는 건 양쪽에서 햇살을 받는 느낌과 같아요.

To love and be loved is to feel the sun from both sides.

데이비드 비스코트David Viscott 심리학자

결혼한 사람들은 친밀감의 끔찍한 위험을 감수해왔고,
지금도 감수하며 살 뿐 아니라, 친밀감 없는 삶이란 불
가능하다는 사실도 잘 알아요.

The married are those who have taken the terrible risk
of intimacy, and, having taken it, know life without
intimacy to be impossible.

캐럴린 하일브런Carolyn Heilbrun 작가

친밀감에는 위험이 따라서 용기가 필요하죠.

Intimacy requires courage because risk is inescapable.

롤로 메이Rollo May 심리학자

지금 사랑에 빠져 있다면 인간이 경험할 수 있는 최고
의 사건이 당신에게 일어난 거예요. 어느 누구도 그 사
실을 하찮고 가볍게 취급하도록 허락하지 마세요.

If you are in love······ that's about the best thing that
can happen to anyone. Don't let anyone make it small
or light to you.

존 스타인벡John Steinbeck 작가

아무도 우리가 말할 수 없이 소중한 존재라는 사실을 받아들이려 하지 않는 듯해요. 또 내가 당신의 인간성을 말살시키면 내 인간성도 말살되어버린다는 사실을 인정하지 않으려 하죠. 신이 이루고자 하는 꿈은 우리가 한 가족의 일원이라는 사실을 깨닫게 하는 것입니다. 이방인이란 없어요. 흑인, 백인, 부자, 가난한 사람, 남성, 여성, 게이, 레즈비언 그리고 소위 말하는 이성애자, 빈 라덴, 부시, 샤론 할 것 없이 다 한 가족이고 모두 한 곳에 속해 있습니다.

None of us seems to accept that we are incredibly precious—that when I dehumanize you, I am dehumanized……. God's dream is that we could know that we are members of one family. There are no outsiders —black, white, rich, poor, male, female, gay, lesbian, and so-called straight. Bin Laden. Bush. Sharon. They all belong.

데스몬드 투투Desmond Tutu 성공회 대주교

당신이야말로 다른 사람에게 당신을 어떻게 대해야 하는지 가르쳐줄 수 있는 사람이죠.

You teach people how to treat you.

필 맥그로, 심리학자

사랑을 하면 많은 것을 희생해야 하지만, 사랑을 하지
않으면 언제나 더 많이 희생하게 되죠.

Loving can cost a lot, but not loving always costs more.

메를 샤인Merle Shain 언론인

두 명이 만나 함께 행복해지려면 서로의 욕구가 충분
히 채워졌다는 느낌을 받아야 해요. 하지만 스스로 자
기 자신의 욕구가 무엇인지 모른다면 세상 어느 누가
당신의 욕구를 채워줄 수 있겠어요. 그러니 우리 모두
는 자신이 누구이며, 그 가치는 무엇이고, 무엇이 자신
을 충만하게 채워주는지 확실히 알 수 있게끔 부지런
히 자아를 탐색해야 하는 거예요.

**For two people to be happy together, they have to feel
that their needs are being met. But there's not a soul
on earth who can meet your needs if you don't even
know what they are. You've got to do some self-
exploration so that you know firmly who you are,
what you value, and what will fulfill you.**

필 맥그로, 심리학자

사랑은 인간의 활력을 증가시키는 뛰어난 자극제이자
타인을 향해 다가서는 이에게 자연이 선사하는 최고의
활동입니다.

Love is that splendid triggering of human vitality……
the supreme activity which nature affords anyone for
going out of himself toward someone else.

호세 오르테가 이 가세트José Ortega y Gasset 철학자

사랑하는 능력은 행복한 어린 시절을 보냈는가에 상당
부분 좌우되는데, 대단히 행복한 어린 시절이 아니라
그저 충분히 좋을 정도의 어린 시절만 보냈어도 도움
이 되죠.

Our capacity to love often depends on having a good
childhood — not a great one, just good enough.

에델 퍼슨, 의사이자 정신분석학자

사랑은 또 다른 방식으로 나누는 대화예요.

Sex is a conversation carried out by other means.

피터 유스티노브Peter Ustinov 배우

어떤 결함을 드러내는 것과는 상관없이 외로움을 느낀다는 사실 하나만으로도 관계를 추구하는 타고난 본능이 전혀 손상되지 않았다는 증거입니다. 따라서 외로움을 숨기기보다는 밖으로 드러내어 존중하고 대접하면서 치유하려 노력한다면 반드시 그 보상을 받게 될 거예요.

Loneliness, far from revealing some defect, is proof that your innate search for connection is intact. So instead of hiding your loneliness, bring it into the light. Honor it. Treat it. Heal it. You'll find that it returns the favor.

마사 베크, 인생 상담사

어떤 여자들은, 물론 나이 든 남자들은 대부분 다 그렇지만, 사랑을 나누는 데 있어서는 젊음이 경험을 능가한다는 사실을 절대 인정하려 들지 않아요. 하지만 사실이 그런걸요.

Some women—and nearly every older man—scoff at the idea that when it comes to sex, youth beats experience. Well, it does.

린 스노든 피켓Lynn Snowden Picket 작가

진정한 사랑 위에 세워진 관계는 무척이나 좋은 느낌이라는 걸 나는 잘 알아요. 전혀 이기적이지도 않고, 불안을 느끼게 하지도 않죠. 진정으로 당신을 사랑하는 사람은 당신이 그 자리에 있는 것만으로도 얼마나 사랑스러운지 잘 알거든요. 당신을 대하는 그의 태도가 그 사실을 확인시켜줄 거예요.

I now know that a relationship built on real love feels good. It isn't selfish; it doesn't cause you anxiety. When someone really loves you, he understands that you're lovable just because you're here. How he treats you underscores that understanding.

오프라 윈프리

그냥 혼자만의 생각일 뿐이지만, 나는 성생활도 사랑이라고 생각해요. 둘 다 많을수록 좋잖아요.

My own view, for what it's worth, is that sexuality is lovely. There cannot be too much of it.

폴 굿맨Paul Goodman 작가

두 번이나 이혼을 겪으면서, 나는 한 가지 깨달은 것이 있어요. 내가 나를 부양할 수 없다면 그건 스스로를 감옥에 가두고 사는 거나 마찬가지라는 사실이죠. 텔레비전 드라마에 등장하는 주인공처럼 그냥 집 안에 틀어박혀 남편이 벌어다 주는 돈만 기다리고 앉아 있을 수도 있어요. 그렇지만 더는 세상이 그런 식으로 돌아가지 않는다는 게 문제죠.

I've left a couple of husbands, and here's what I've learned: If you cannot support yourself, you set yourself up to be a prisoner. We can't stay home like June Cleaver and expect a man to take care of us financially. The world doesn't work that way anymore.

조안 보리센코Joan Borysenko 의사

진정한 사랑은 영원히 자신을 확대해나가는 경험입니다.

Real love is a permanently self-enlarging experience.

모건 스콧 펙Morgan Scott Peck 정신과의사

육체적으로든 정서적으로든 성적인 모험(관습적이지 않은 자세, 화학적이고 유기적인 상승작용, 소품, 사적인 장소든 공공 장소든 가리지 않는 다양한 공간)을 좋아하는 나를 가장 깊이 만족시키는 것은 바로 침대에서 내 위에 올라가 있는 스티브가 내 얼굴에 붙은 머리카락을 걷어주며, 내 눈을 지그시 바라보면서 사랑한다고 속삭이는 거예요. 재미있게도 지금까지 난 바닐라 아이스크림이 가장 평범하고 지루한 맛이라고 생각했어요. 그런데 클래식이야말로 세월이 지나도 절대 그 달콤함을 잃지 않는다는 사실을 이제야 알 것 같아요.

As much as I've loved my sexual adventures—the outside the box positions, the chemical and organic enhancements, the accessories, the diverse locations, private and public—what satisfies me most profoundly, both physically and emotionally, is being in my own bed, Steve on top of me, pushing the hair off my face, staring into my eyes, and telling me he loves me…….
Funny that I once thought vanilla was bland, boring. Now I know it's a classic that never loses its sweetness.

밸러리 프랭클Valerie Frankel 작가

사랑을 나누는 일이 행위에만 그치는 경우는 거의 없어요.

Sex is hardly ever just about sex.

셜리 매클레인Shirley MacLaine 배우

오직 가족하고만 유대관계를 맺고 사는 사람은 다양한 사람들과 교류하는 사람보다 훨씬 상처입기 쉬울 거예요. 우리는 혼자가 되는 법을 배워야만 해요. 자신 안의 깊이와 자신만의 관심사, 자신보다 더 큰 어떤 것과의 관계를 개발하면서 배우게 돼죠. 자신만의 삶의 의미를 찾아내야 해요.

People who have connected only to their families may be more vulnerable than those who connect more broadly. We need to learn how to be alone. You do that by developing depth within yourself, interests that are yours, a connection to something larger than yourself. You develop your own sense of the meaning of life.

레이첼 나오미 레멘Rachel Naomi Remen 의사

나는 아이리스 머독의 격언 하나를 즐겨 인용하곤 해요. "사랑은 자신 외의 무언가 실재한다는 사실에 관한 극도의 어려운 깨달음이다. 즉, 예술이나 도덕과 마찬가지로 사랑도 실재의 발견이다."라는 말이죠.

There's an Iris Murdoch quote that I'm always paraphrasing: 'Love is the extremely difficult realization that something other than oneself is real. Love, and so art and morals, is the discovery of reality.'

제이디 스미스Zadie Smith 소설가

성적 자신감을 옥죄는 자물쇠를 풀고자 한다면 스스로 자아 인식이 어느 정도인지 확인해봐야 합니다. 아름다움이란 보는 이의 눈에 달려 있을 뿐이니, 다른 사람이 당신을 아름답다고 생각하기 전에 스스로 아름답다고 인정할 수 있어야 하죠.

The key to unlocking your sexual confidence is to check your self-perception. Beauty is in the eye of the beholder—and you have to see yourself as beautiful before you can expect anyone else to.

필 맥그로, 심리학자

아직 결혼하지 않은 내 자매들에게 매우 중요한 진실 하나를 들려줄 목적만 아니었다면, 나는 서른여덟의 나이에 방금 엮인 내 인연에 관해 여기저기 자랑삼아 떠들어대고 다니는 상황 같은 건 꿈도 꾸지 않았을 거예요. 그리고 이번만은 그들도 매우 즐겁게 그 진실을 받아들이더라고요. 그게 어떤 진실이었느냐 하면, '까다롭게 남자를 고르는 데 있어서 늦은 나이란 없다.'였어요.

I wouldn't dream of crowing about the knot I've just tied, at thirty-eight, if it weren't for the purpose of telling a crucial truth to my still-single sisters. And for once, it's a truth they'll enjoy hearing. That truth is: It's never too late to be picky about men.

티시 더킨Tish Durkin 언론인

진정한 사랑은 동사예요. 한쪽의 행복이 다른 한쪽의 삶에서 가장 중요한 의도이자 목적이 되는 하나의 행동이기 때문이죠.

Real love is a verb. It's a behavior in which the welfare of another person is the primary intention and goal.

하빌 헨드릭스Harville Hendrix 작가

진정한 사랑의 마법에 가장 가깝다고 믿는 게 있는데, 그건 바로 '당신이 무엇을 하든 간에 영원토록 당신을 사랑할 것입니다.'라는 말이에요. 이는 파괴적인 행위를 일삼아도 영원히 관계를 지속하겠다는 약속이 아닙니다. 당신이 다른 사람의 선택에 의존하지 않겠다는 단순한 선언일 뿐이죠. 그러니 우리는 모순덩어리인 누군가를 확실한 사람으로 바꾸려고 무의미한 노력을 하는 대신, 있는 그대로의 상대방 모습에 반응할 수 있어야 해요.

Here's the closest thing I know to a genuine love spell: 'I'll always love you, and I really don't care what you do.' This is not a promise to stay in a relationship with someone whose behavior is destructive. It's a simple statement that you aren't dependent on the other person's choices. That means you can respond to someone as he or she really is, instead of trying to force a fallible person to be infallible.

마사 베크, 인생 상담사

사랑은 자아를 초월해 다른 사람과 소통하는 것입니다.

Love⋯⋯ is transcending the ego to connect with another.

조앤 코너Joan Konner 언론인

강렬한 육체적 열정은 한없이 커지다가 이내 사그라지죠. 한순간 열정이 차오르다가도 곧 제자리로 돌아가 버려요. 하지만 그사이 우리를 지탱해주는 것은 두 사람이 함께 나누고, 이야기하고, 같이 해나갈 수 있는 공통의 관심사를 갖는 거예요.

Intense physical passion waxes and wanes. Once you've had it, it can always come back. But what sustains you in between is having something that interests you both enough that you can share it, talk about it, do it together.

에델 퍼슨, 의사이자 정신분석학자

엄마가 되기로 선택하는 것은 세상에 존재하는 가장 영적인 스승이 되기로 결심하는 것과 다르지 않아요.

I believe that the choice to become a mother is the choice to become one of the greatest spiritual teachers there is.

오프라 윈프리

한 사람이 다른 한 사람을 사랑한다는 것, 그것은 어쩌면 삶이 우리에게 부과한 가장 어렵고도 궁극적인 과제일지 모릅니다.

For one human being to love another human being: That is perhaps the most difficult task that has been entrusted to us, the ultimate task.

라이너 마리아 릴케|Rainer Maria Rilke 시인

어쩌면 당신의 어머니는 당신이 원하던 사람이 아니었을지도 몰라요. 집에 돌아가봐야 당신의 존재 가치 같은 것은 거의 인정받지 못했을지도 모르죠. 하지만 당신이 선택하세요. 바꿀 수 없는 과거 속에서 무력하게 기죽어 있을 건가요, 아니면 새로운 경험을 써나갈 건가요? 어쨌든 당신은 길러졌어요. 이제 당신의 유년을 딛고 일어설 차례예요.

Maybe your mother wasn't the kind of nurturing presence you longed for. You might have come from a home where your worth was seldom validated……. But you make the choice: Will you languish in a history you can't revise or begin scripting a new experience? ……You've been raised. Now rise above it.

오프라 윈프리

내가 배운 걸 가르쳐드릴게요. 정말 근사한 데이트를 하고 싶다면 어떻게든 잘해보겠다는 생각 같은 것은 떨쳐버려야 해요. 물론 어느 날 갑자기 마음먹는다고 되는 일이 아니라는 건 잘 알아요. 지난 3년간 내가 겪은 경험에 비추어보면 데이트는 정말 어렵고 도전적이면서 때로는 가슴 아프기까지 하더라고요. 그래서 나는 나 자신은 물론이고 마주 앉아 술만 퍼마시는 상대방을 위해 온화한 마음으로 접근해보자고 결심하고는 내내 편안하게 호흡하고, 호흡하고, 호흡했어요. 그랬더니 얼마나 큰 변화가 일어났는지 아세요?

Here's what I learned: In order for dating to work, stop trying to make it work. I don't mean to suggest that you'll suddenly be having the time of your life. I found dating—my three—year bout of it—difficult and challenging and sometimes heartrending. But I was determined to approach it with a gentleness for myself and the other sorry sot across from me, and to breathe, breathe, breathe through it all. What a difference that has made.

리스 펀더버그Lise Funderburg 작가

몇몇 이유 때문에 우리 사회에는 온전한 인간이 되기 위해서는 결혼을 해야 한다는 선입견이 뿌리내려 있어요. 하지만 이는 진실과는 거리가 멀죠. 만약 당신이 친구와 가족 그리고 직업에 만족하며 충만한 삶을 살아가고 있다면, 결혼해서 끔찍한 삶을 살아가는 사람들과는 비교도 안 될 만큼 축복받은 사람이라는 사실을 알아야 해요.

For some reason, society does have the preconceived notion that in order to be a whole individual, we have to be half of a couple. Nothing could be further from the truth⋯⋯. If you have a life rich with friends, family, and career, you're blessed well beyond millions of people who are married and miserable.

필 맥그로, 심리학자

사랑은 돌처럼 한자리에 놓여 있는 것이 아니에요. 그것은 만들면 만들수록 새로워지는 빵과 같은 것이죠.

Love doesn't just sit there like a stone; it has to be made, like bread, remade all the time, made new.

어슐러 K. 르 귄Ursula K. Le Guin 작가

우리는 사랑에 빠졌을 때 가장 충만하게 살아 있습니다.

We are most alive when we are in love.

존 업다이크, 작가

나는 결혼이 나를 위축시키고 선택권들을 앗아가버릴 거라고 믿어왔어요. 다른 사람과 함께 살기 위해서는 좀 더 성장해가도 모자랄 판에, 오히려 나를 축소해야 한다고 생각했던 거죠.

I used to believe that marriage would diminish me, reduce my options. That you had to be someone less to live with someone else when, of course, you have to be someone more.

캔디스 버겐Candice Bergen 배우

사랑의 첫 번째 의무는 상대의 말을 들어주는 것입니다.

The first duty of love is to listen.

폴 틸리히|Paul Tillich 철학자

결혼을 했든 안 했든 간에, 만약 당신이 완전함을 느끼고자 한다면 스스로 내면을 들여다보라고 권하고 싶어요. 이성관계의 역설적인 면은 스스로 가장 깊은 내면에서부터 '나는 절대로 다른 사람에게 내 고유의 권한을 양도하지 않을 거야.'라고 말할 수 있기 전까지는 보통 다른 이를 맞이할 준비가 되지 않는다는 사실이죠. 그때가 되어야만 우리는 비로소 사랑이라 불리는 강한 유대관계를 맺을 준비가 된 여성으로 다시 태어날 수 있어요.

Married or single, if you're looking for a sense of completion, I encourage you to look inward……. The irony of relationships is that you're usually not ready for one until you can say from the deepest part of yourself, 'I will never again give up my power to another person.' Only then will you be a woman who's ready for the strongest kind of connection.

오프라 윈프리

결혼의 진정한 의미는, 삶에서 도망치지 않는 책임감 있고 자율적인 존재로서 완전한 인간이 되도록 서로를 돕는 것에 있어요.

This is what marriage really means: helping one another to reach the full status of being persons, responsible and autonomous beings who do not run away from life.

폴 투르니에Paul Tournier 내과의사이자 작가

결혼을 완성시키는 진짜 요소는 결혼식이나 혼인증서가 아닌 친밀함이에요.

Intimacy is what makes a marriage, not a ceremony, not a piece of paper from the state.

캐슬린 노리스Kathleen Norris 시인

성공적인 결혼생활을 유지해가려면 같은 사람과 여러 번 사랑에 빠질 수 있어야 합니다.

A successful marriage requires falling in love many times, always with the same person.

미뇽 매클로플린, 언론인

만약 누군가 당신을 전적으로 돌봐주길 원한다면, 또 계속해서 당신의 욕구만 채워주길 바란다면 연애 같은 건 시작도 하지 마세요. 오히려 치료를 받아보는 게 좋습니다.

If you feel a hunger for total nurturing—someone continuously anticipating your needs—don't start dating. Start therapy.

마사 베크, 인생 상담사

열정은 가장 빨리 나타나고 급속히 사라져가죠. 반면, 친밀감은 천천히 생겨나고, 책임감은 그보다도 훨씬 느리게 자리 잡아갑니다.

Passion is the quickest to develop, and the quickest to fade. Intimacy develops more slowly, and commitment more gradually still.

로버트 스턴버그Robert Sternberg 심리학자

성공적인 결혼은 매일 새로 지어야만 하는 커다란 건물과 같아요.

A successful marriage is an edifice that must be rebuilt every day.

앙드레 모루아André Maurois 작가

구애를 하는 사람은 보통 상대의 환심을 사서 곁에 두고 열정을 불태우려 하죠. 하지만 겉으로 보기에는 같을지 몰라도 진정한 사랑의 구애는 진실한 관계를 추구하는 것이고 감사의 마음을 통해 표현됩니다. 그것은 꾸며진 감정을 통해 나오는 것이 아니라 있는 그대로의 내면을 반영하는 것이니까요.

In courtship, you're trying to win the partner, keep the partner, stir up passion. With real love, the behaviors look the same but they arise out of the depth of the relationship and are expressed as a sense of gratitude. They come from within to reflect a state of being rather than to generate emotions.

하빌 헨드릭스, 작가

성숙한 사랑은 어떤 희생을 치르더라도 성취해야 한다거나 자포자기의 심정으로 매달린다고 해서 얻어지는 것이 아닙니다. 그래요, 관계란 노력을 요하죠. 맞아요, 그건 희생을 의미합니다. 또 타협을 요하기도 해요. 하지만 건강한 관계는 단지 몇몇 순간이 아닌 대부분의 순간에 기쁨을 전해줍니다. 그리고 지금 당신의 나이가 스물다섯이든 마흔다섯이든, 기혼이든 미혼이든, 반드시 당신의 모든 것을 솔직히 드러내고 더욱 돈독해진 사이로 함께 나아가는 것을 의미하죠.

Grown-up love is not sought at any cost or pursued with a sense of desperation. Yes, a relationship requires work. Yes, it means sacrifice. Yes, it's about compromise. But if it's healthy, it should bring you joy not just some of the time but most of the time. And whether you're twenty-five or forty-five, single or married, it should involve bringing all of who you are to the table—and walking away together with even more.

오프라 윈프리

가장 마지막에 남는 말은 '사랑'이에요.

The final word is love.

도로시 데이Dorothy Day 언론인

결혼은 한 번 했다고 끝나는 게 아닙니다. 일단 결혼을 하고 나면 우리는 그 안에서 다양한 수준의 결혼을 여러 번 경험합니다. 만약 그때 이혼보다 결혼의 횟수가 더 많다면 당신은 운이 좋은 사람이니 절대 그 결혼을 놓치면 안 돼요.

One marries many times at many levels within a marriage. If you have more marriages than you have divorces within the marriage, you're lucky and you stick it out.

루비 디|Ruby Dee 배우

완전한 사랑을 하는 사람은 없어요. 그건 실제 세상에는 존재하지 않으니까요. 만약 그 이상적인 개념에 맞추어 스스로를 평가해보고 싶다면, 완벽한 부부의 전형처럼 보이는 드라마 속의 준과 워드 클리버에겐 세트 디자이너와 대본이 주어진다는 사실을 기억하세요.

No one has the perfect love. It doesn't exist in the real world. Next time you measure yourself against an ideal, remember: June and Ward Cleaver had a set designer and a script.

오프라 윈프리

지금 당신의 심장이 누더기처럼 찢겼다면 다음번에는 더 행복한 삶과 더 행복한 관계라는 상을 받게 될 거예요. 하지만 지금 당신 앞에 놓인 쓰레깃더미를 쓸모 있게 만들어놓아야만 가능한 일이죠. 한 번 잘 생각해보세요. 그리고 느끼세요. 슬퍼도 하고, 그리워도 하는 겁니다. 그런 후에 슬픔을 호흡하고, 그 슬픔이 당신의 심장박동 하나하나를 채워가게 하세요. 그러면 어떤 일이 일어나는 줄 알아요? 슬픔을 떠나보낼 수 있을 뿐 아니라, 새로운 장소에 도착해 있는 자신의 모습을 발견하게 될 거예요.

Anyone with a shattered heart can win the prize—a happier life, a happier relationship next time around —out only by making use of the mess right there in front of you. You have to think about it. Feel it. Mourn it. Miss him……. And if you do all that, really breathe the sorrow, and let the sadness frame each beat of your heart, you'll not only be able to let it go, you'll find yourself arriving in a new place.

리스 펀더버그, 작가

나는 실크 이불보다 면 이불을 덮는 게 더 좋고, 장미꽃을 가까이 두면 눈이 가려워요. 또 목욕을 오래 하면 지겨워서 죽을 것 같죠. 하지만 사랑을 나누는 일에는 한없이 매혹을 느낍니다. 물론 MTV에 등장하는 겉만 번지르르한 사랑이 아니라, 서툴지만 원기왕성하고 부드럽고 재미있고 강렬하고 신비롭고 모험적이며 창조적인 그런 사랑 말이에요. 사실 육체적인 사랑과 정신적인 사랑이 어떤 상관관계가 있는지는 잘 모르겠지만, 한 가지 확신할 수 있는 것은 '좋아하는 것'도 사랑에 많은 도움을 주지만 '욕정'은 필수라는 사실이에요.

I'll take flannel sheets over silk any day of the week, rose petals make my eyes itchy, and I consider long baths incredibly tedious. I do, however, find sex—not the slick MTV kind, but the exuberant, klutzy, tender, funny, fiery, mystical, adventurous, creative kind—endlessly fascinating. I'm not sure what love's got to do with it, but I believe 'like' helps a lot and lust is essential.

리사 코간, 작가

연애를 하면서 우리는 그때까지 전혀 알지 못했던 서로의 삶에 관한 모든 것을 알아가기 시작하죠. 더는 남은 것이 없을 때까지 서로의 비밀을 벗겨가는 거예요. 하지만 그런 다음에는? 그러고 나면 무엇이 남을까요? 오직 '당신의 남은 인생' 그것뿐이죠. 변화가 일어나면 그 자리에는 늘 비밀이라는 것이 남는데, 그건 당신이 상대방을 돌아보며 마음속에 간직해놓았던 말을 털어놓기 전까지는 그대로 남아 있게 마련이에요. 하지만 일단 털어놓고 나면 두 사람은 깨닫게 되죠. 이것이 바로 현재의 당신이라는 것을, 이전의 당신도 아니고 앞으로의 당신도 아니라는 사실을요.

In the courtship, you catch up on everything you didn't know about each other's life up to that point. You keep unveiling secrets until there are none left to know. But then? What's left? Only this: the rest of your life······. A change takes place, and it remains a secret to the two of you until the moment comes that you turn to your partner and say what's on your mind. And then the two of you know: This is who you are now, which is not who you were before, and which is not who you will be soon.

리처드 파넥Richard Panek 저술가

인생은 계획한다고 그대로 살아지는 것이 아니에요. 만약 계획대로 산다면 계획대로 죽기도 해야 하잖아요. 나는 하루를 시작할 때, 그날이 끝나가는 시점에 우리 가족 앞에 어떤 일이 기다리고 있을지 미리 안 적이 한 번도 없어요. 그저 맡은 일을 하며 하루하루를 열심히 살아갈 뿐이죠.

Life is not about a plan, because if you live by a plan, you're going to die by a plan……. I never know at the beginning of a day what the end of the day will bring for us as a family, because we just go for it and do things.

켈리 리파Kelly Ripa 텔레비전 진행자

당신 자신의 찌꺼기나, 남아도는 시간 혹은 생각의 잔해만으로 사랑을 이어가려 한다면 그 사랑은 절대 오래가지 않아요.

Love cannot survive if you just give it scraps of your-self, scraps of your time, scraps of your thoughts.

매리 오하라Mary O'Hara 가수

신용이 형편없는 사람은 이성관계에서도 형편없어요.

People who are lousy with credit are lousy with relationships.

수지 오먼, 금융 전문가

기교를 갈고닦아 성생활을 향상시키세요. 성에 관한 책을 구입한다면 그동안 입으로 언급하기 부담스러웠던 기술에 관해서도 파트너와 이야기할 수 있게 되죠. 거기에는 당신이 시도해보고 싶었거나 향상시키고 싶었던 기술("자기야, 이거 해보면 재밌을 거 같지 않아?")뿐 아니라, '오, 하느님, 제발 나한테는 저런 거 하라고 하지 말아주세요!'라고 마음속으로만 간절히 바라던 기술도 포함되어 있을 거예요.

Support the arts and improve your sex life. Get a sex book so you can talk to your partner about Practices That Cannot Be Mentioned. This includes those things that you would love to try or improve ('Hey, honey, that looks like fun'), and those less appealing that inspire 'Mother of God, please don't let that happen to me!'

에이미 블룸, 작가

바로 어젯밤에 나는 친구 게일과 통화하면서 어찌나 심하게 웃어젖혔는지 머리가 아파 죽을 뻔했지 뭐예요. 우리는 일진 사나운 날에 관해 서로의 주장을 펼치는 중이었는데, 게일은 내가 해주는 조언이 나 자신한테는 전혀 효과가 없다는 사실을 나 스스로 알고 있다는 걸 시인하라고 생떼를 썼어요. 그 말에 박장대소하다가 이런 생각이 들더군요. '20여 년간 밤마다 통화를 하면서 나한테 입바른 소리를 해주는 사람이 있고, 또 그 사람의 말에 박장대소할 수 있다는 게 얼마나 큰 선물인가.' 이런 게 정말 별 다섯 개짜리 기쁨이 아니고 뭐겠어요.

Just last night I was laughing so hard on the phone with my friend Gayle that my head started to hurt. She was confronting me about a bad hair day and wanted to be sure I was aware that my 'do' wasn't doing it for me. Mid-howl, I thought, Isn't this a gift—after twenty-odd years of nightly phone calls, to have someone who tells me the truth and to laugh this loudly about it? I call that five-star pleasure.

오프라 윈프리

친구란 모두가 문밖으로 나갈 때 문 앞으로 다가오는 사람입니다.

The definition of a friend is someone who's coming in the door when everybody else is going out.

필 맥그로, 심리학자

나는 당신의 가장 친한 친구가 총기 수집이 취미인 불만에 가득 찬 우체국 직원과 데이트한다고 해도 전혀 신경 쓰지 않아요. 만약 당신이 그 친구에게 감히 조언이라는 걸 하고 싶다고 느낀다면, 문 앞에 서서 다시 한 번 그 판단을 재고해보라고 충고하겠어요.

I don't care if your best friend is dating a disgruntled postal employee with a shotgun collection: before you presume to advise her, check your judgments at the door.

마사 베크, 인생 상담사

친구들이 내 재산입니다.

My friends are my estate.

에밀리 디킨슨Emily Dickinson 시인

여기 몇 가지 명심해야 할 규칙이 있습니다. 절대 가위를 들고 뛰지 말 것이며, 다리미를 꽂아둔 채 나가버려서는 안 되고, 빨간불에는 건너지 말고, 실연당할 것을 두려워하지 말라.

Here are the real rules: Don't run with scissors, don't leave the iron on, don't cross against the light, and don't be afraid of a broken heart.

리스 펀더버그, 작가

대부분의 남자는 여자들에게 찬양받기를 원해요. 미소와 관심 그리고 흥미를 원하는 거죠. 그 때문에 가슴을 치며 통곡도 하고 농구도 하고 축구도 해요. 그리고 여자들이 그들을 어떻게 생각하는지 알고 싶어 하는 겁니다.

Most men want the admiration of women—their smiles, their attention, their interest. That's why we beat our chests; that's why we play basketball and football. We want to know how you feel about us.

제이미 폭스Jamie Foxx 배우

의미 있는 섹스는 사랑의 숭고한 표현이 될 수 있어요.
하지만 그렇지 않을 때가 오히려 더 재밌죠.

Sex—when it's meaningful—can be a sublime expression of love. When it's not, well, it can be even better.

리사 코간, 작가

가족이나 친구들과 함께 저녁식사 테이블에 둘러앉아
시간을 보내는 것보다 한 개인의 인간다움을 더 잘 보
관해둘 성소는 찾기 힘들 거예요.

There's no sanctuary more qualified to restore one's sense of humanity······ than time spent around a dinner table with one's family and friends.

테란스 브레난Terrance Brennan 요리사

가족, 친구, 음식 그리고 아름다운 행동은 삶의 은총이
니 우리는 매일 그것을 찬미할 의무가 있습니다.

Family, friends, food, and beautiful flourishes are life's graces, and we ought to celebrate them every day.

도나타 마지핀토Donata Maggipinto 작가

구체적으로 계획을 짜보세요. 보나마나 논쟁으로 이어
질 게 뻔하지만, 그럼에도 대화할 필요가 있다고 느낀
다면 시간 제한을 정하고 논점을 제기한 뒤, 그다음 순
서로 넘어가는 겁니다.

Compartmentalize: If you must have a talk that you
think could turn contentious, choose a window of
time, address the issue, and move on.

필 맥그로, 심리학자

대부분의 여성에게 친구 사이란 상호 간의 자문이 가
능한 사회라고 할 수 있어요. 서로에게 자신의 문제를
이야기하고, 그 보답으로 해결책을 얻어가는 거죠. 하
지만 상담을 청하는 사람이 그 문제의 해결책을 가장
잘 알고 있는 경우가 대부분이에요.

For most women, friendship is a mutual advisory
society; we tell one another our problems and hope to
get a solution in return. However, the person asking
for counsel is almost invariably the one best equipped
to provide it.

마사 베크, 인생 상담사

사람들이 권하는 것을 받도록 하세요. 그들이 준 밀크 셰이크를 마셔요. 그들이 준 사랑을 받아요.

Accept what people offer. Drink their milkshakes. Take their love.

월리 램Wally Lamb 작가

당신이 아름다운 하얀 웨딩드레스를 입고 서서 혼인 서약을 하고 있을 때, 아무도 당신이 인생에서 가장 도전적인 협정을 맺기 직전에 와 있다고 말해주지 않을 겁니다. 인간은 훌륭한 관계 속에서 최고의 잠재력을 발휘할 수 있다는 말은 틀린 말이 아니에요. 하지만 그 수준에 도달하려면 로맨스만 가지고는 어림도 없다는 사실 역시 알아야 해요.

When you're standing there taking your vows and wearing your beautiful white dress, few will tell you that you're entering into one of the most challenging agreements of your life. It's true that a great relationship can help you reach your highest potential. But it's also true that getting there is about much more than romance.

오프라 윈프리

육체적인 사랑과 친밀감은 같은 것이 아니에요. 누군가와 평생 사랑을 나누면서도 친밀감이라고는 전혀 느끼지 못할 수도 있거든요. 관계 속에는 공감이라는 감정이 깃들어 있어야 해요. 다른 사람의 눈으로 세상을 바라보며 그것을 즐길 수 있어야 하는 거죠. 그들과 함께 있으면 그 순간에 충실하세요. 내일 할 일 같은 건 신경 쓰지 말고요.

Sex and intimacy are not the same thing. You can have sex all your life and never be intimate with a person. There has to be empathy in the relationship. You have to enjoy seeing through their eyes. When you're with them, you're there and not thinking about what you're gonna do tomorrow.

제인 폰다Jane Fonda 배우

사랑스럽게 느껴지는 여성은 사랑을 받고 있는 여성이 아니라 사랑을 하고 있는 여성이에요.

It is the loving, not the loved woman who feels lovable.

제서민 웨스트Jessamyn West 작가

만약 자기 자신은 물론이고 다른 사람을 외모로만 평가하는 친구가 있다면 스스로에게 한번 물어보세요. 그 친구에게서 무얼 얻을 수 있을지. 만약 스트레스 말고는 얻을 게 없다면 새로운 친구를 찾을 때가 됐다는 신호예요.

If you have friends who base everything on their own and other people's appearances, ask yourself what you're getting out of the relationship. If it's mostly stress, it's time to find new friends.

로르 레드몬드Laure Redmond 인생 상담사

누군가를 만났을 때, 당신의 하루 또는 저녁 시간의 분위기를 결정짓는 것은 처음 자리를 함께한 4분입니다. 나머지 시간을 즐겁게 보내는 것은 처음 4분을 어떻게 보내느냐에 달려 있어요.

What happens in the first four minutes of togetherness sets the tone for the rest of your day or evening. So use that time to connect, acknowledge each other, and have fun.

필 맥그로, 심리학자

숱 없는 머리에 작은 리본을 동여맨 어린아이들에게는 훌륭한 부모가 있어요. 하지만 그런 부모라고 해서 청소년기의 아이에게도 항상 좋은 부모가 되는 것은 아니죠. 아이들이 자라서 일정한 나이가 되자마자, 그들은 "입 다물어, 자리에 앉아, 말 많이 하지 마, 좀 멀찍이 떨어져, 그러면 유럽으로 보내버린다!" 등의 폭언을 일삼거든요. 우리 어머니는 어린아이에게는 끔찍한 부모였지만, 청소년기의 내게는 훌륭한 부모였어요. 마치 매우 사려 깊은 아이를 대하는 것처럼 말을 걸어주시곤 했죠.

There are great parents of small children—they keep their little hair in bows—but those parents are not always good parents of young adults. As soon as their children get up to some size, it's 'Shut up, sit down, you talk too much, keep your distance, I'll send you to Europe!' My mom was a terrible parent of small children but a great parent of young adults. She'd talk to me as if I had some sense.

마야 안젤루, 작가

사랑은 향초를 피워놓고 욕조에 기분 좋게 들어앉아 있는 느낌과는 달라요. 오히려 머릿속에서 폭탄이 터지는 것과 같아서 억제된 본능을 누더기로 만들고, 벽에는 이상한 흔적을 남겨놓죠. 그래서 '제발 날 죽여 줘요, 자기, 지금 죽어도 여한이 없어요.'라는 말을 하지 않고는 도저히 못 배길 것 같은 느낌이 들게 해요.

Great sex is not a pleasant soak in the tub, with the scented candle burning. Great sex is more like a bomb exploding inside your right mind, leaving you with the shattered remains of your inhibitions, strange marks on the walls, and the telltale feeling: 'Kill me now, honey, it don't get no better than this.'

에이미 블룸, 작가

사랑의 반대말은 '무관심'이죠.

The opposite of love is indifference.

필 맥그로, 심리학자

비록 이모 역할이 온전한 부모 역할과는 전혀 다르지만, 그것만으로도 나는 근사하고 강렬하며 충분하다고 여겨지는 부모의 기분을 느낄 수 있어요. 앞으로도 난 엄마가 되지는 못할 테지만, 언제나 변함없이 그 아이들의 가족으로 남아 있을 테고, 그에 수반되는 모든 삶의 궤적, 복잡함, 충실함을 간직해나갈 거예요. 아무리 바빠도 요가 수업이나 독서 모임 혹은 소원해지는 친구들처럼 가끔씩만 그애들을 방문할 수는 없어요. 평생 그 아이들을 지켜봐왔고, 아이들도 나를 평생 알아왔으니까요.

Although aunting will never give me anything like the full course of motherhood, it does give me a wonderful, powerful—and possibly sufficient—taste of it. While I will never be the children's mother, I will always be their family, with all the history, complexity, and fidelity that entails. I couldn't drop them like a yoga class, a book club, or a waning friendship, even if I wanted to. I have known them forever, and they have known me.

티시 더킨, 언론인

실수를 지적하는 대신, 다른 사람이 해놓은 좋은 일을 언급하세요. 그렇게 한다면, 상대방은 당신이 그의 온 전한 모습을 바라보고 있음을 알게 될 겁니다. 당신이 아무리 정당하게 모욕했다고 하더라도, 모욕당한 사람 보다 더 위험한 것은 세상에 없습니다.

While pointing out a mistake, bring up the good things the other person has done. If you do that, then the person sees that you have a complete picture of him. There is nothing more dangerous than one who has been humiliated, even when you humiliated him rightly.

넬슨 만델라Nelson Mandela 남아프리카공화국 최초의 흑인 대통령

"예, 하지만……"이라는 말이 하지 말라고 충고하는 것 을 하면 됩니다. 쓰지 말라는 그 소설, 써도 됩니다. 강 아지도 입양하세요. 억압에는 저항을 해야죠. '예'만 남 기고 '하지만'은 걷어차버리세요.

Do exactly what your 'Yeah-but' says you shouldn't. Write that novel. Adopt a puppy. Resist oppression. Keep the 'yeah' and kick the 'but.'

마사 베크, 인생 상담사

우리의 내면에서 생겨나 '우리의 것'이라 부를 수 있는 모든 열정과 그 징후는 손으로 움켜잡거나 소유할 수 있는 어떤 것이 아니라, 미약한 인간 자아를 넘어 확장되는 모든 것에 연결되고 영향받는 자연의 힘입니다. 그러한 열정을 찾는 것은 값비싼 장신구를 구걸하는 것과는 다르죠. 그것은 편안하고 친근한 영역을 뒤로하고 자기 자신을 바다로 내모는 것과 마찬가지예요.

Passion—including the manifestations of passion we feel within ourselves and therefore call 'ours'—is not something we can grasp or own but a force of nature, connected to and influenced by things that extend far beyond any puny human self. Finding it isn't like bagging an expensive trinket; it's like leaving comfortable, familiar terrain behind us and throwing ourselves into the sea.

마사 베크, 인생 상담사

누군가 자신의 진정한 모습을 보여줄 때는 그를 믿어야만 해요.

When people show you who they are, believe them.

마야 안젤루, 작가

너무도 많은 사람이 마치 무슨 경품 경쟁이라도 벌이
듯이 그들의 잠재적인 배우자에게 접근해서 서로에 관
해 아무것도 모른 채로 점수만 따가죠.

So many people approach potential mates as if they
were prizes and the point was winning, not knowing
and being known.

에이미 블룸, 작가

나는 사랑을 믿어요. 그것이 변화하고 전달되며 초월적
이라는 사실도 믿죠. 또한 그것이 선을 조율하고, 힘을
강화하며, 결심을 확고히 하고, 분노를 제거하고, 스트
레스를 줄이고, 공감을 극대화한다는 사실도 잘 알고
있어요.

I believe in love. I believe it transforms, transports,
and transcends. I believe it fine-tunes goodness,
solidifies strength, ripens resolve, eradicates rage,
alleviates stress, and elevates empathy.

리사 코간, 작가

우리는 상대를 고쳐시키는 친구를 골라 사귀어야 합니다. 그런 사람은 그 존재만으로도 우리 안에서 최고의 것을 이끌어내게 하죠.

The key is to keep company only with people who uplift you, whose presence calls forth your best.

에픽테토스, 철학자

다른 여성과 맺고 있는 여러 관계가 어려움을 헤쳐나가는 내 능력에 가장 큰 영향을 미치죠. 여성은 서로를 옹호할 수 있어야 해요. 서로의 성공을 응원해줄 수 있어야 하고, 상대의 실패에 즐거워해서는 안 됩니다.

My ability to get through my day greatly depends on the relationships that I have with other women……. We have to be able to champion other women. We have to root for each other's successes and not delight in one another's failures.

미셸 오바마Michelle Obama 미국 대통령 오바마 영부인

스스로에게 불만이 많은 사람은 주변 사람들이 잘해나
가는 것을 보면 더욱 기분이 안 좋아지죠. 만약 그가
'저 여자는 도대체 자기가 뭔 줄 알고 저러는 거야?'라고
이야기한다면, 그 말은 '어떻게 저 여자는 내 예상을 완
전히 무너뜨리고 저렇게까지 잘해낼 수 있는 거야?'라
는 뜻을 담고 있는 거예요. 그러니 '저 여자는 도대체
자기가 뭔 줄 알고 저러는 거야?'라는 말은 한편으로
'도대체 나는 왜 이것밖에 못하고 있는 거야?'라는 말
과 일맥상통한다고 할 수 있죠.

People who don't feel good about themselves feel even
worse when those around them do well. When they say,
'Who does she think she is?' what they really mean is
'How dare she exceed my expectations of who I think
she should be?' 'Who does she think she is?' also
translates to 'Who do I think I'm not?'

오프라 윈프리

공평하든 그렇지 않든, 때로 우리는 다른 사람에게서 얻
고 싶은 것을 스스로 자신에게 주어야 할 때가 있어요.

Fair or unfair, sometimes we have to give ourselves
what we wish we could get from someone else.

필 맥그로, 심리학자

우리는 자신에게 커다란 집, 값비싼 옷, 지금보다 좋은 학벌이 있다면 다른 사람들이 더 가치 있게 평가해줄 거라고 생각하죠. 그렇지만 성공은 가슴으로는 통용되지 않는 화폐와 같습니다. 사랑은 돈으로 살 수 없잖아요. 하지만 살 수 있다는 그릇된 생각을 품은 사람만이 당신의 성공에 집착하죠. 성공을 토대로 하는 관계는 기생적이며, 명성이나 돈, 권력 등이 사라지면 함께 자취를 감춰버립니다.

We believe that if we had a bigger house, more expensive clothes, or more academic degrees, people would value us more. But success is a currency that is not accepted by the heart: you can't buy love. Only people who are caught in the same misconception will bond with your accomplishment. Successbased relationships are parasitic, and they vanish when the fame, money, and power do.

마사 베크, 인생 상담사

잘 들어주다 보면 귀 기울이는 재능을 얻게 되죠.

With the gift of listening comes the gift of healing.

캐서린 드 휴엑 도허티Catherine de Hueck Doherty 사회운동가

자신감 넘치고 성공한 남자는 야심찬 여성에게서 격려 받고, 실제로 그런 여성을 추구하기도 합니다. 생각이 깬 남자는 그들의 관심사가 종종 에너지, 추진력, 공감 그리고 강한 여성의 스타일 덕분에 앞서 나간다는 사실을 잘 알고 있어요.

Most confident, successful men are inspired by ambitious women and actually seek them out. These enlightened men understand that their own interests are often advanced by the energy, drive, compassion, and style of a strong woman.

멜로디 홉슨Mellody Hobson 재무 관리자이자 사업가

때때로 친구가 된다는 것은 때를 알아차리는 기술에 숙달된다는 것을 의미하죠. 조용히 있어야 할 때, 흘려 보내야 할 때, 그리고 여기저기 흩어진 조각들을 주워 모을 준비를 해야 할 때.

Sometimes being a friend means mastering the art of timing. There is a time for silence. A time to let go……. And a time to prepare to pick up the pieces when it's all over.

글로리아 네일러Gloria Naylor 작가

옷을 입고 있든 알몸이든 거울로 자신의 모습을 비춰 보는 것이 두렵다면 어떻게 세상을 향해 자랑스럽게 자신을 드러낼 수 있겠어요? 지금이야말로 스스로에게 가혹한 비판을 멈추고 결함투성이기는 해도 고결한 영광을 드러내는 자신의 몸과 사랑에 빠져야 할 때예요.

If you cringe at the idea of looking at yourself in the mirror—with or without clothes—how can you possibly present yourself proudly to the world? I passionately believe that it's time to silence your harshest critic—you—and love your body in all its imperfect but unique glory.

로르 레드몬드, 인생 상담사

학부모와 교사를 비롯해 기업의 고위간부와 정치인에 이르기까지 수많은 사람과 대화를 나눠본 후, 나는 한 가지 사실을 확신하게 됐어요. 훌륭한 소통이란 서로의 유대감에서 출발한다는 거죠. 개개인의 차이점은 서로를 하나로 묶어주는 공통적인 요소보다 그다지 중요하지 않아요. 우리는 모두 인정받길 원하고 상대에게 의미 있는 사람이 되길 원하니까요.

After conversing with everyone from homemakers and schoolteachers to corporate leaders and politicians, I know one thing for sure: Great communication begins with connection. What makes us different from one another is so much less important than what makes us alike—we all long for acceptance and significance.

오프라 윈프리

오, 편안함, 누군가와 함께함으로써 느껴지는 표현하기 힘들 정도의 안락함, 신중히 생각하거나 말할 필요도 없이, 단지 있는 그대로를 솔직히 드러내기만 하면 되는 그런 위로감, 겨와 곡식이 함께 담겨 있을 때, 어느 충실한 손이 가지고 가서 체로 거른 후, 곡식은 따로 넣어두고 나머지는 친절한 숨결로 불어버릴 것을 확신할 때 느껴지는 안전함.

Oh, the comfort—the inexpressible comfort of feeling safe with a person—having neither to weigh thoughts nor measure words, but pouring them all right out, just as they are, chaff and grain together, certain that a faithful hand will take and sift them, keep what is worth keeping, and then with the breath of kindness, blow the rest away.

다이너 마리아 멀록 크랙Dinah Maria Mulock Craik 시인이자 소설가 그것을 일족이라 부르든 관계망이라 하든, 부족이나 가족 혹은 그 무엇으로 부르든 간에, 그리고 당신이 누구든 간에 그것이 필요하다는 사실만은 변함없어요.

Call it a clan, call it a network, call it a tribe, call it a family. Whatever you call it, whoever you are, you need one.

제인 하워드Jane Howard 소설가

내 친구들은 남편과 내가 결혼하기 전에, 새로운 직장을 구한 나를 따라 남편이 머나먼 다른 주로 함께 옮겨 갔던 사실에 관해 아직까지도 놀라움을 금치 못해요. 보통은 남자들이 새 직장을 구하면 여자들이 따라가는 게 일반적이니까요.

Most of my friends are still amazed that my then-boyfriend (now husband) moved across the country with me a few years ago when I took a new job—despite the fact that women follow men for similar reasons all the time.

미셸 코틀Michelle Cottle 언론인

친구들이 없었다면 지금의 나도 없었을 거예요. 우리는 함께 일하고 함께 창조하며 항상 어울려 다니죠. 그들은 내게 진실을 알려주고, 현실감을 유지하도록 도와주며, 인생의 관점을 지켜갈 수 있도록 이끌어줍니다. 친구들은 나의 치유처이자 해방구이며 든든한 선상이자 안전한 항구예요.

I wouldn't be who I am without my friends, many of whom I work with, create with, and bond with daily. I rely on them to tell me the truth. To keep me grounded. To keep this big life I live in perspective. My friends are my therapy, my release, my sounding board—my safe harbor.

오프라 윈프리

누군가에게 이상한 사람이라는 꼬리표를 붙여버리면, 다시는 그 사람과 진정한 관계를 이어갈 수 없게 되죠.

The moment you put a mental label on another human being, you can no longer truly relate to that person.

에크하르트 톨레Eckhart Tolle 영적 치유 강사 친밀감은 한 번 생겨났다고 해서 평생 가는 것이 아니에요. 최고의 관계 속에서도 수없이 잃었다가 다시 찾기를 반복하는 것이죠. 힘겨운 시기 동안 취약해진 친밀감을 다시 회복하는 방법을 아는 것, 그것이 바로 오래 지속되는 사랑의 관계를 유지하는 열쇠예요.

Intimacy is not something that's achieved once and for all. It's lost and regained many times in the best of relationships. Knowing how to reestablish intimacy in the face of vulnerability, during those difficult times—that's the key to a loving, lasting relationship.

엘런 왁털Ellen Wachtel 저술가

친구는 두 번째 자아입니다.

A friend is a second self.

아리스토텔레스Aristotle 철학자

자기 자신과의 우정이 세상에서 가장 중요합니다. 그것 없이는 세상 그 누구와도 친구가 될 수 없어요.

Friendship with oneself is all-important because without it one cannot be friends with anyone else in the world.

엘리너 루스벨트, 미국 제32대 대통령 루스벨트 영부인 친밀감이 부족하다는 것은 다른 누군가와의 거리감이 아니라 자기 자신에의 소홀함을 의미하는 거예요. 만약 당신이 다른 사람을 통해 치유되고 완성되길 바란다면, 마음속에서 흘러나오는 '나는 아무 가치도 없는 사람이고, 평생 시간만 낭비하고 있어.'라는 그 속삭임부터 잠재우세요. 왜냐고요? 스스로 가치 있는 사람이라는 사실을 자신이 먼저 확신하지 못한다면, 친구나 가족, 혹은 배우자도 절대 당신이 그런 사람이라는 사실을 확신시켜줄 수 없거든요.

A lack of intimacy is not distance from someone else; it's disregard for yourself……. If you're looking for someone to heal and complete you — to shush that voice inside you that has always whispered, You're not worth anything — you are wasting time. Why? Because if you don't already know that you have worth, there's nothing your friend, your family, or your mate can say that will completely assure you of that.

오프라 윈프리

사람에게는 두 가지 욕구가 있어요. 하나는 친밀해지고 픈 욕구이고, 다른 하나는 독립에 관한 욕구죠. 친밀함 의 가장 큰 장벽은 누군가와 가까워지는 것이 독립을 방해할지도 모른다는 두려움이에요. 하지만 친밀함은 상대가 내 자존감을 지켜주는 후견인이라는 사실을 깨 닫는 데에서 생겨납니다.

People have two needs: one is to be intimate, the other is to be independent. The greatest barrier to intimacy is the fear that closeness will get in the way of independence. Intimacy is realizing that each person is the custodian of their partner's self-respect.

밀드레드 뉴먼, 버나드 버코위츠Mildred Newman and Bernard Berkowitz
심리학자 부부

그녀는 내 마음의 친구예요. 조각난 나를 거두어 순서 대로 맞춘 후 다시 내게 돌려주거든요.

She is a friend of my mind……. The pieces I am, she gather them up and give them back to me in all the right order.

토니 모리슨Toni Morrison 노벨상 수상 작가,
《소중한 사람From Beloved》 중에서

세상에는 첫눈에 반해 영원히 사랑할 수밖에 없는 사람들이 있어요. 그들이 누군가와 함께 이 세상에 살고 있다는 사실을 아는 것만으로도 충분한 위안이 돼요.

There are people whom one loves immediately and forever. Even to know they are alive in the world with one is quite enough.

낸시 스페인Nancy Spain 언론인

친밀해진다는 것은 완전히 투명해진 후, 역시 투명해진 또 한 사람 앞에서 정서적으로 알몸이 된다는 것을 의미해요. 그러면 상대의 심장을 들여다볼 수 있게 되죠. 친밀함intimacy에 관해 말할 때 반드시 알아두어야 할 것은, 그것이 '내 안을 들여다봐요in-to-me-see.'를 의미한다는 사실이에요.

To be intimate is to be totally transparent, emotionally naked in front of another who is equally transparent. You want to see into the other person's heart. What people should mean when they say intimacy is in-to-me-see.

제프리 L. 파인Jeffrey L. Fine 심리학자

우리가 속해 있는 특별한 인간 사슬은 개개인의 정체성의 중심이 되죠.

The particular human chain we're part of is central to our individual identity.

엘리자베스 스톤Elizabeth Stone 작가

만약 누군가 내게 "오, 바지 정말 멋진데요."라고 말하는데, 내 남자는 "난 그거 별로야. 제발 좀 안 입었으면 좋겠어."라고 말한다면, 난 이렇게 말할 거예요. "오, 이런, 여기 당신 집 열쇠 돌려줄게요."

If someone tells me, 'Oh, I like your slacks,' and the man I'm with says, 'I don't. I wish she hadn't worn them,' I say, 'Oh, my dear—here are your keys.'

마야 안젤루, 작가

친구란 있는 그대로의 나를 인정해주는 사람입니다.

My friend is one······ who takes me for what I am.

헨리 데이비드 소로Henry David Thoreau 철학자

우정에 정해진 틀 같은 건 없어요. 누군가는 지금의 열정과 현재 소중히 여기는 것을 반영하지만, 어떤 사람들은 소중한 과거의 조각을 지니고 있기에 서로의 삶 속으로 들어오게 되죠.

There's no single template for friendship. Some people are in our lives because they carry a precious shard of our history, while others reflect our passions and priorities right now.

바버라 그레이엄Barbara Graham 저술가

사랑하는 사람과 진정한 친밀감을 형성해간다는 것은 가끔 텔레비전을 끄고 전화기를 집어든 후, 입은 다물고, 귀만 열어놓은 채 진심으로 집중해 듣는 것을 의미해요.

Creating authentic intimacy with those you love means sometimes turning off the TV and phone, closing your mouth, opening your ears, and really paying attention.

오프라 윈프리

가까운 사이에서 일어나는 갈등은 피할 수 없을 뿐만 아니라 꼭 필요한 것이기도 해요. 흔히들 말하길, 두 사람이 모든 일에서 의견을 일치시킨다면 결국 한 사람은 있으나마나 한 존재가 된다고 하는데, 친밀감이란 바로 이처럼 다를 수밖에 없는 사람들을 연결해주는 감정이에요. 그리고 갈등이란 우리가 서로의 차이점 주변에 경계선을 그어 각 부분에 속한 사람들이 서로에게 안전함을 느끼도록 해주는 일종의 심리기제라고 할 수 있죠.

Conflict in close relationships is not only inevitable, it's essential. Intimacy connects people who are inevitably different — as the saying goes, if two people agree about everything, one of them is superfluous. Conflict is the mechanism by which we set boundaries around these differences, so that each party feels safe with the other.

마사 베크, 인생 상담사

인생은 한 번 사는 거지만, 제대로만 산다면, 한 번만으로도 충분하죠.

You only live once — but if you work it right, once is enough.

조 E. 루이스Joe E. Lewis 코미디언

우리는 욕구, 결핍, 두려움, 자긍심, 희망, 꿈 등으로 이루어진 매우 비밀스러운 자신만의 현실을 품고 있습니다. 따라서 당신이 직접 누군가를 그 세상 속으로 들여놓지 않는 한, 어느 누구도 당신에 관한 사사로운 비밀을 알아낼 수 없으며, 사사로운 친밀감도 나눌 수 없어요. 친밀감은 상처를 두려워한다면 나눌 수 없고, 상처를 입는다는 건 늘 위험을 수반하는 법이죠.

We all have our own closely guarded reality consisting of wants, needs, fears, prides, hopes, and dreams. No one can have intimate knowledge of you, and therefore an intimate relationship with you, unless you allow that person into your private world…… There is no intimacy without vulnerability; there is no vulnerability without risk.

필 맥그로, 심리학자

당신이 새벽 네 시에 전화할 수 있는 사람이 정말 소중한 사람입니다.

It's the ones you can call up at four a.m. that matter.

마를레네 디트리히|Marlene Dietrich 배우이자 가수

많은 과거를 공유한 관계일수록 현재에 집중할 필요성
도 커지죠. 그러지 않고서는 계속 과거를 재현하려 들
테니까요.

The more shared past there is in a relationship, the more
present you need to be; otherwise, you will be forced to
relive the past again and again.

에크하르트 톨레, 영적 치유 강사

사랑하고 사랑받을 기회는 우리가 어디에 있든 찾아옵니다. 하지만 대부분이 그 기회를 보지 못하는 이유는 사랑이 무엇이며(대부분 그것이 우리를 쓰러뜨리고 황홀경에 빠뜨린다고 생각하죠.), 그것이 어떻게 등장하는지(보통은 키가 크고 늘씬하며 재치 있고 매력적이기기까지 한 소포처럼 배달된다고 생각해요.) 나름의 선입견을 품고 있기 때문이죠. 그러니 사랑이 환상 속에 등장하는 포장된 선물처럼 나타나지 않으면, 우리는 그 기회를 인식하지 못하는 겁니다.

The chance to love and be loved exists no matter where you are. Most of us can't see it because we have our own preconceived ideas about what it is (It's supposed to knock you off your feet and make you swoon) and how it should appear (in a tall, slim, witty, charming package). So if love doesn't show up wrapped in our personal fantasy, we fail to recognize it.

오프라 윈프리

Oprah Winfrey

감사와
보답

When you focus on
the goodness in your life,
you create more of it.

선에 초점을 맞추고 살수록
더 많은 선을
쌓을 수 있게 되죠.

오프라 윈프리

걱정, 의기소침, 우울함, 시무룩한 기분 등을 치유하는
최고의 방법은 측은지심을 품고 다른 사람의 침울한
기분을 밝아지게 하려고 의식적으로 노력하는 거예요.

The best cure for worry, depression, melancholy, brooding
is to go deliberately forth and try to lift with one's
sympathy the gloom of someone else.

아널드 베넷Arnold Bennett 작가

나는 내 삶이 단지 명성, 보석, 파티 같은 것으로만 채
워지길 바라지는 않아요. 힙합에는 세상을 바꾸는 힘이
있죠. 내가 바로 그 모범을 이끈다고 할 수 있어요.

I want my life to be about more than just fame or
jewelry or parties. Hip-hop has the power to change
the world. I am here to lead by example.

션 콤스Sean Combs 연예 오락 프로그램 제작사 경영진

가장 좋은 선물은 그대의 일부를 주는 것입니다.

The only gift is a portion of thyself.

랠프 월도 에머슨, 철학자

나는 압제자와 친구, 우리 모두를 위해 기도합니다. 함께 힘을 모을 때 우리는 인간의 이해와 사랑을 통해 더 나은 세상을 이루어갈 수 있으니까요.

I pray for all of us, oppressor and friend, that together we succeed in building a better world through human understanding and love.

제14대 달라이 라마Fourteenth Dalai Lama 불교 지도자

지난 몇 년간 나는 왜 신이 이것 또는 저것을 허락했는지에 관해 사람들이 탄식하는 소리를 들었어요. 하지만 아이들이 굶주리고 사람들이 고통받는 이유는 신이 해놓은 일 때문이 아니라 우리가 하지 않은 일 때문입니다.

Over the years, I've heard people lament about why God allows this or that. Babies starve and people suffer not because of what God does, but because of what we don't do.

오프라 윈프리

내가 북클럽을 시작한 지 일 년 정도 됐을 때, 내 쇼에 출연했던 여성 한 명이 "북클럽에 가입하기 전에는 책을 처음부터 끝까지 읽어본 적이 한 번도 없었어요."라는 말을 했어요. 나는 그 말을 평생 잊지 못할 거예요. 독서는 늘 세상으로 열려 있는 창입니다. 어릴 때 책 읽는 법을 배우지 못했다면 나는 완전히 다른 사람이 되어 있을 거예요. 책 덕분에 나는 다른 종류의 삶이 존재한다는 것을 알게 됐죠. 다른 사람에게도 그와 같은 선물을 줄 수 있는 기회요? 그거야말로 내게 있어 가장 소중한 순간이죠.

A year after I launched the book club, a woman who appeared on the show said something I'll never forget: 'Before I joined the book club, I had never read an entire book.' Reading has always been an open window to other worlds. Had I not been taught to read at an early age, I'd be an entirely different person. Thanks to books, I knew there was another kind of life. The chance to give another person that same gift? That was one of my proudest moments.

오프라 윈프리

사려 깊고 헌신적인 사람들로 구성된 작은 집단이 세상을 바꿀 수 있다는 사실을 의심하려 들지 마세요. 실제로 그런 이들이 세상을 변화시켜왔습니다.

Never doubt that a small group of thoughtful, committed citizens can change the world. Indeed, it is the only thing that ever has.

마거릿 미드Margaret Mead 인류학자

내가 할 수 있는 최선의 것은, 될 수 있는 최고의 사람이 되는 겁니다. 그리고 열정을 품고 살아가는 거죠. 보답도 열정의 커다란 일부니까요.

All I can do is be the best me that I can. And live life with some gusto. Giving back is a big part of that.

미셸 오바마, 미국 대통령 오바마 영부인

베푸는 습관은 나눔의 욕구를 더욱 강하게 해주죠.

The habit of giving only enhances the desire to give.

월트 휘트먼Walt Whitman 시인

나는 하루하루를 또 하나의 기회라고 생각합니다. 자리를 박차고 일어나 누군가의 삶에 차이를 만들어줄 기회 말이에요.

I see each day as another opportunity to get off my butt and make a difference in someone's life.

홀리 로빈슨 피트Holly Robinson Peete 배우

나는 업보를 믿어요. 옳은 일을 해야 한다는 사명도 믿죠. 그것이 나를 원하는 만큼 멀리 나아가게 해주지 않더라도 상관없어요. 만약 모두가 업보에 관해 같은 생각을 하고 있다면, 내일 세상은 좀 더 나은 곳이 되어 있겠죠.

I believe in karma and doing the right thing even if it might not advance you as far as you want. If every single person felt the same way about karma, then the world would get fixed tomorrow.

제이 지Jay Z 가수이자 연예 오락 프로그램 제작사 경영진

첫 번째 너그러움은 정중하게 존경받아 마땅하죠.

The first generosity may well be attentive respect.

메릴린 로빈슨Marilynne Robinson 소설가

세상은 우리 것이고, 우리는 세상을 변화시킬 책임이
있습니다. 그것이 바로 내가 모든 사람에게 알리고자
하는 바죠. 남편 대니는 편협한 인종차별주의자들 손에
살해당했지만, 그들과는 정반대였어요. 그리고 그들은
나 역시도 편협한 인종차별주의자가 되기를 원하지만,
나는 오히려 그전보다 두 배는 더 강력하게 세상이 내
게 속해 있음을 말합니다. 그것이 바로 남편이 남긴 유
산이니까요.

**The world belongs to us, and it also belongs to us to
change it. That's what I want people to know. [My
husband] Danny got killed in the hands of people who
are racist and intolerant, but Danny was the opposite.
And they would want me to become intolerant and
racist—but twice more now, I say the world belongs
to me. That is Danny's legacy.**

마리안 펄Mariane Pearl 살해당한 언론인 대니얼 펄의 미망인

생활은 벌어들이는 것으로 꾸려가지만, 삶은 베푸는 것
으로 이어나가는 것입니다.

We make a living by what we get. We make a life by
what we give.

윈스턴 처칠Winston Churchill 영국 정치가

자기 자신 이상의 것을 얻으려 애쓰는 것보다 삶을 더
자유롭게 하는 것은 없습니다.

There is nothing in life more liberating than to fight
for something more than yourself.

존 매케인John McCain 미국 상원의원

그게 바로 내가 생각하는 진정한 관대함입니다. 가진
것을 모두 주고도 늘 하나도 준 게 없다고 느끼는 것.

That's what I consider true generosity. You give your
all, and yet you always feel as if it costs you nothing.

시몬 드 보부아르Simone de Beauvoir 철학자

결국에는 돈을 주는 것도 사랑의 표현이에요. 물론 수표 한 장이 당신이 베푼 가장 중요한 선물이 되는 건 아닙니다. 가장 중요한 선물은 받는 이의 삶과 스스로의 삶을 변화시키고자 하는 당신의 열린 마음이죠.

In the end, giving [money] is about love. Your most important gift is not the check you write. Your most important gift is your openness to changing the life of the recipient, and to changing your own.

티머시 슈라이버Timothy Shriver
국제스페셜올림픽(심신 장애자 국제스포츠 대회) 위원회 의장

사람이 줄 수 있는 최고의 선물은 바로 그들 자신을 나누는 것이라고 나는 믿어요. 모든 선물은 당신이 다른 사람에 관해 어떻게 느끼는지 표현하는 고유의 방식입니다. 그게 바로 우리가 지금 여기 있는 이유가 아니고 뭐겠어요. 사계절 내내 행복이 오가게 하세요.

The best gift anyone can give, I believe, is the gift of sharing themselves. ……Every gift is your way of expressing how you feel about another person. I know for sure that's what we're here to do: keep the joy thing going for all seasons.

오프라 윈프리

155

만약 당신이 주지는 않고 매일 받기만 한다면, 그저 꽉 쥐고 움켜잡고 낚아채기만 하는, 한마디로 지옥과 같은 고인 물이 됩니다. 관대한 영혼은 천국과도 같아요. 아주 작은 부분이라도 당신이 공헌할 곳이 있다면 크게 기뻐하세요. 대부분의 사람은 그다지 잘해나가지 못하거든요. 당신이 도울 일도 그리 많지 않을 거예요. 그저 슬퍼하고 기도하고 가진 돈을 나누는 겁니다. 그런 다음 낮잠을 자거나 립스틱을 사러 나가세요. 호흡하고 잘 먹고 기도하고 축하도 하세요.

If you are not giving — and receiving — every day, you become a stagnant pool of pinch and grab and clutch, which is hell. A generous spirit is heaven. Rejoice in whatever occasional myopia you can muster. Most people are doing poorly, and you really can't help much. Feel sad. Pray. Give away more money. And then take a nap, or go buy lipstick. Breathe, eat well, pray, celebrate, too.

앤 라모트, 작가

우리 증조모들은 여성의 투표권을 쟁취하고자 당당히 걸어나가 체포되고, 투옥되어 장렬히 고통받았습니다. 아프리카계 미국인들도 투표권을 얻어내려고 남부의 먼지 나는 시골길을 걸어갔고, 때로는 죽기도 했죠. 우리는 그러한 사실에 몸을 낮추어 겸손해져야 합니다. 지금의 이 자리에 있기까지 우리는 그들의 어깨를 밟고 전진해왔다는 사실을 절대 잊어서는 안 됩니다. 투표권이 당신에게 고맙다고 말하고 있어요.

Our great-grandmothers marched, were arrested, and suffered heroically in jail to obtain the vote for women. People walked the dusty back roads of the South, and sometimes died, to ensure African-Americans the right to vote. We should be humbled by that. We have progressed to where we are because we stand on all their shoulders, and we must never forget it. Voting says thank you.

테드 케네디Ted Kennedy 전직 미국 상원의원

삶에서 가치 있는 것은 무엇이든, 오직 나눌 때에만 증가해갑니다.

Anything that is of value in life only multiplies when it is given.

디팩 초프라Deepak Chopra 영적 치유 강사

도움을 요청받았을 때 도와주는 것은 좋은 일이지만, 그전에 미리 알고 도와주는 건 훨씬 더 좋은 일이죠.

It is well to give when asked, but it is better to give unasked, through understanding.

칼릴 지브란Khalil Gibran 시인

삶의 인식을 남을 위해 무엇을 할 수 있을지에 관한 관심으로 전환시킨다면, 우리는 자신의 발전을 축하하기 시작하면서 풍성한 축복도 누리게 될 거예요.

I know for sure that when you shift your paradigm to what you can do for others, you begin to celebrate your own evolution and trigger a bounty of blessings.

오프라 윈프리

장미의 향기는 늘 그것을 건네는 손에 남아 있죠.

The fragrance always remains in the hand that gives the rose.

하다 비자Hada Bejar 배우

오늘 아침 나는 세상에 진정한 박탈감이란 오직 한 가지밖에 없다는 결론을 내렸는데, 그건 바로 진심으로 사랑하는 사람에게 선물을 줄 수 없는 상황에 직면하는 거예요.

There is only one real deprivation, I decided this morning, and that is not to be able to give one's gifts to those one loves most.

메이 사턴May Sarton 시인

선물은, 물건이든 친절한 말 한마디든 세심하게 알아봐 준 일거리든 또는 사랑이든, 스스로 모든 것을 설명해요! 만약 그것을 받는 것이 부끄럽다면 당신의 '고마움 상자'가 아직 포장되어 있기 때문이에요.

A gift—be it a present, a kind word, or a job done with care and love—explains itself! ……And if receivin' it embarrasses you, it's because your 'thanks box' is warped.

앨리스 칠드레스Alice Childress 배우

가끔은 주는 것이 갖는 것보다 훨씬 필수적이고 절박할 때가 있어요.

Giving is a necessity sometimes······ more urgent, indeed, than having.

마거릿 리 런벅Margaret Lee Runbeck 작가

만약 내 손이 무언가를 부여잡고 있느라 바쁘다면, 나는 줄 수도 없지만 받을 수도 없게 됩니다.

If my hands are fully occupied in holding on to something, I can neither give nor receive.

도로테 죌레Dorothee Sölle 신학자

사랑하는 사람에게 감사의 일기를 쓰세요. 그가 당신의 인생에 함께 있음으로 해서 감사한 이유를 모두 나열하는 겁니다. 그것보다 특별한 선물이 어디 있겠어요!

Make a gratitude journal for someone you love, listing all the reasons you're grateful to have him or her in your life. This is the best gift ever!

오프라 윈프리

때로는 받기만 하고 주지 않는 것이 훔치는 것보다 더 나빠요.

To have and not to give is often worse than to steal.

바로네스 마리 폰 에브너에셴바흐
Baroness Marie von Ebner-Eschenbach 저술가

친절한 표정과 함께 건네는 선물은 두 배 더 값지죠.

A gift, with a kind countenance, is a double present.

토머스 풀러Thomas Fuller 내과의사

선물을 주는 마음이 그 선물의 가치를 결정합니다. 진정 무게를 얻는 것은 선물을 건네는 진정성이지 그 표면적 가치가 아니니까요.

The spirit in which a thing is given determines that in which the debt is acknowledged; it's the intention, not the face value of the gift, that's weighed.

세네카Seneca 철학자

나는 어쩌다 보니 주는 것을 좋아하게 됐어요. 심지어 그다지 줄 만한 게 없던 어린 시절에도, 내가 가진 것이나 한 일을 다른 사람과 나누면 기분이 훨씬 좋더라고요. 나는 노트 용지를 굉장히 좋아했는데, 한 번에 500장 정도씩을 학교에 들고 가곤 했어요. 그러고는 친구들이 빌려달라고 할 때마다 열 장에서 스무 장 정도씩 줬죠. 정말 중요한 건 베풀고자 하는 마음이지 얼마나 큰 선물을 하는가가 아니에요.

I happen to love giving. Even when I was a youngster and didn't have much to give, whatever I had or did was more enjoyable when I shared it. I used to love notebook paper, and I would bring five hundred sheets at a time to school. Whenever my classmates asked to borrow a sheet, I'd give them ten or twenty. It's the spirit of giving, not the largesse of the gift, that matters most.

오프라 윈프리

감사의 마음이 하늘에까지 미친다면 그게 바로 가장 완벽한 기도입니다.

One single grateful thought raised to heaven is the most perfect prayer.

G. E. 레싱G. E. Lessing 철학자

접대는 보통 다른 사람에게 베푸는 거라고 생각하지만, 집에 손님이 올 때마다(수건 한 조각 들고 오지 않는 손님이라도) 나는 오히려 내가 더 큰 혜택을 받는다는 생각이 들더라고요. 접대는 집이라는 친밀하고 사적인 공간을 타인과 공유하고 그들에게 신뢰감을 보여주는 일이잖아요. 그것은 우리가 단지 편한 시간에 커피나 한잔 마시고 마는 관계가 아니라, 오래 지속되는 관계를 친구들과 함께 누릴 책임이 있다는 것을 보여주는 거예요.

Hospitality is supposedly something we do for others, but whenever I have guests (even those who don't buy me towels), I feel like I'm reaping the benefits. Hospitality involves sharing an intimate, private space — our home — and letting someone in shows trust. It shows that we're committed to lasting relationships with our friends, not just quick coffees when it's convenient.

로런 F. 위너Lauren F. Winner 작가

친절함은 상대방에게 보답하는 것일 뿐 아니라 다른 사람에게 전하는 데 더 의의가 있어요.

The point is not to pay back kindness but to pass it on.

줄리아 알바레스, 작가

우리는 자신을 인정해주는 사람을 얼마나 소중히 아끼고 존중하는지 몰라요! 사소한 행동 하나만으로도 그런 대단한 결과를 불러올 수 있답니다.

How we treasure (and admire) the people who acknowledge us! A simple gesture goes such a long way.

줄리 모건스턴Julie Morgenstern 조직 관리 전문가

우리는 세상에 베푼 것을 세상으로부터 받을 수 있어요. 나는 물리학의 제3운동법칙을 통해 그 원리를 깨달을 수 있었는데, 그것은 모든 운동에는 작용과 반작용이 따른다는 논리예요. 이는 동양의 철학자들이 흔히 업보라고 부르는 것의 정수라 할 수 있는데, 영화 〈컬러 퍼플〉에서 셀리는 남편 미스터에게 이렇게 설명하죠. "당신이 내게 저지르는 일은 이미 당신이 당했던 일이에요."

You receive from the world what you give to the world. I understand it from physics as the third law of motion: for every action, there's an equal and opposite reaction. It is the essence of what Eastern philosophers call karma. In The Color Purple, the character Celie explained it to Mister: 'Everything you try to do to me, already done to you.'

오프라 윈프리

모든 사람이 위대함의 가능성을 안고 있습니다. 단지 유명해지는 것이 아닌 위대함입니다. 위대함이야말로 우리가 기울이는 헌신에 의해 결정되는 것이니까요.

Everyone has the power for greatness, not for fame, but greatness, because greatness is determined by service.

마틴 루터 킹 주니어, 민권운동 지도자이자 노벨 평화상 수상자

감사하는 마음은 좋은 거죠. 하지만 가끔은 배은망덕한 게 나을 때도 있어요. 나는 여성들이 (작은 호의에 감사하는 데 그치지 말고) 좀 더 큰 희망을 품도록 세상에 남아 있는 모든 부당함에 분노할 줄 알았으면 좋겠어요. 인간은 더 나아질 수 있다는 희망을 보면 급진적으로 변하거든요.

Gratitude is nice, but ingratitude is better. I want women to be angry at the injustices that remain, to have higher hopes. We get radicalized by seeing what could be better.

글로리아 스타이넘Gloria Steinem 여성 인권 운동가

우리를 행복하게 해주는 사람에게 고마워할 줄 알아야 해요. 그들은 영혼을 꽃피우게 도와주는 매혹적인 정원사들이거든요.

Let us be grateful to the people who make us happy; they are the charming gardeners who make our souls blossom.

마르셀 프루스트Marcel Proust 소설가

만약 평생 당신 입에서 나온 기도가 단 한 마디뿐일지라도 그것이 "고마워요"라면 됐어요. 그것만으로도 충분해요.

If the only prayer you ever say in your whole life is 'Thank you,' that would suffice.

마이스터 에크하르트Meister Eckhart 신학자

매번 "고마워요"라고 말해야 한다는 사실을 기억해낼 때마다, 우리는 지상의 천국 이상의 것을 경험하게 됩니다.

Every time we remember to say, 'Thank you,' we experience nothing less than heaven on earth.

사라 밴 브레스낙Sarah Ban Breathnach 작가

감사의 마음을 표하는 것은 가장 우아한 형태의 예의
라 할 수 있습니다.

Gratitude is the most exquisite form of courtesy.

자크 마리탱Jacques Maritain 철학자

늘 고마운 마음으로 살아가는 게 쉽지는 않아요. 하지만
정말 고마운 마음이 들지 않을 때, 그때야말로 고마운 마
음이 가장 필요한 때라는 사실을 잊지 마세요.

**It's not easy being grateful all the time. But it's when
you feel least thankful that you are most in need of
what gratitude can give you.**

오프라 윈프리

감사할 만한 것을 도저히 떠올릴 수 없을 때는 지금 숨
쉬고 있다는 것을 기억하세요. 매번 숨을 들이켤 때마
다 이렇게 말할 수 있잖아요. "나는 아직 이곳에 있어."

**Whenever you can't think of something to be grateful
for, remember your breath. With each breath you take,
you can say, 'I am still here.'**

오프라 윈프리

어떠한 형태로 표하든 간에 감사의 마음은 우리에게 서로의 유대감을 확인시켜주죠. 일종의 검증을 해주는 거예요. 그것이 세상 속으로 우리의 존재를 확장시키고, 영혼을 깊게 해주죠. 그리고 평범한 순간을 특별하고 출중하며 찬양할 만한 순간으로 바꾸어줍니다.

Any act of appreciation affirms our connection to each other. Validates us. Expands who we are in the world. Deepens our spirit. And can turn an ordinary moment into an extraordinary, peachy, and praiseful day.

오프라 윈프리

존재한다는 것 자체가 축복이고, 그저 살아가는 것만으로도 성스럽습니다.

Just to be is a blessing; just to live is holy.

랍비 아브라함 헤셸Rabbi Abraham Heschel 신학자

풍족함은 대체로 태도에 달렸어요.

Abundance is, in large part, an attitude.

수 패턴 텔리Sue Patton Thoele 작가

삶의 진정한 기쁨은 세상이 나를 행복하게 만드는 데 헌신하지 않는다고 끊임없이 투덜대는 이기적이고 고통스러운 바보가 되는 대신 기적이라고 생각되는 어떤 목적, 즉 자연의 힘에 자신을 헌신하는 데서 오는 것입니다.

This is the true joy in life, the being used for a purpose recognized by yourself as a mighty one······ the being a force of Nature instead of a feverish selfish little clod of ailments and grievances complaining that the world will not devote itself to making you happy.

조지 버나드 쇼, 극작가

속으로만 감사하는 것은 아무짝에도 쓸모가 없죠.

Silent gratitude isn't much use to anyone.

글래디스 브론윈 스턴Gladys Bronwyn Stern 작가

우리는 세상에 일어나길 소망하는 변화 그 자체가 되어야 합니다.

We must be the change we wish to see in the world.

마하트마 간디Mahatma Gandhi 인도 정치가이자 정신적 지도자

매순간 때맞춰 우리는 모든 것을 해냅니다. 심지어 아니라고 느끼는 순간에도 그렇죠.

Each moment in time we have it all, even when we think we don't.

멜로디 비티Melody Beattie 카운슬러

사람이나 물건에 감사함을 느낄수록 고마워하거나 가치 있게 여길 만한 일이 점점 더 많아질 겁니다.

Feeling grateful to or appreciative of someone or something actually attracts more of the things that you appreciate and value in your life.

크리스티안 노스럽Christiane Northrup 의사, 여성 건강 전문가

나는 주는 것과 받는 것이 똑같은 거라고 믿게 됐어요. 주는 것과 받는 것이지, 주는 것과 뺏는 것을 의미하는 게 아니에요.

I have come to believe that giving and receiving are really the same. Giving and receiving—not giving and taking.

조이스 그렌펠Joyce Grenfell 배우이자 코미디언

오늘의 축복이 있기까지, 나는 세상 모든 이의 감사하는 태도에 빚지고 있습니다.

For today and its blessings, I owe the world an attitude of gratitude.

클래런스 E. 하지즈Clarence E. Hodges
전직 미국 아동청소년가족행정부 위원

다음번에 당신이 폭풍 한가운데에서 어둠에 둘러싸여 있는 스스로의 모습을 발견한다면, 또 모든 것이 아무런 가치가 없다고 느껴질 때면, 잠시 시간을 두고 감사의 마음을 느껴보세요. 무슨 일이 있든 해는 또다시 떠오르잖아요. 그러면 모든 게 좋아질 겁니다. 그것을 바로 해돋이 신념이라고 하죠.

The next time you find yourself surrounded by darkness in the middle of a storm and everything is at its absolute worst, take a moment to give thanks—because you know that no matter what, the sun is going to rise. It will get better. That is sunrise faith.

오프라 윈프리

행복은 당신의 생각과 말 그리고 행동이 조화를 이룰 때 생겨납니다.

Happiness is when what you think, what you say, and what you do are in harmony.

마하트마 간디, 인도 정치가이자 정신적 지도자

"배운 것은 가르치세요. 얻은 것은 주십시오." 마야 안젤루가 한 말인데, 내가 특히 좋아하는 격언 중 하나죠. 확실한 것은 베푸는 것은 반드시 돌아온다는 사실이에요. 이건 단지 내 관점에서 나온 이론이 아니라 물리학 이론이죠. 삶이란 주고받는 에너지의 교환이기에 원하는 것을 얻고자 한다면 필요로 하는 것을 베풀면 된다는 거예요.

'When you learn, teach. When you get, give.' That's another one of my favorite quotes from Maya Angelou. What I know for sure is that what you give comes back to you. That's not just my theory or point of view — it's physics. Life is an energy exchange of giving and receiving, and the way to have what you want is to give what you need.

오프라 윈프리

지나간 모든 것에는 감사를, 다가올 모든 것에는 긍정을 하세요.

For all that has been, thanks. For all that will be, yes.

다그 함마르셸드Dag Hammarskjöld 외교관

대부분의 사람은 행복해지기로 마음먹는 만큼 행복해지죠.

Most folks are about as happy as they make up their minds to be.

에이브러햄 링컨Abraham Lincoln 미국 제16대 대통령

재능 자체는 신뢰할 수 있는 게 아니에요. 그것을 어떻게 사용하는가가 정말 중요해요.

We can't take any credit for our talents. It's how we use them that counts.

매들렌 렝글Madeleine L'Engle 작가

다른 이의 짐을 덜어주는 사람 가운데 쓸모없는 사람
은 없어요.

No one is useless in this world who lightens the burdens
of another.

찰스 디킨스Charles Dickens 소설가

세상에 비난보다 더 비이성적인 것은 없고, 탐욕보다
더 야비한 것은 없습니다. 그것은 흔히 볼 수 있는 하찮
고 미숙한 정신의 반영일 뿐이에요. 그러나 가장 섬세
한 의식에서 비롯되는 자선은 늘 창의적인 상상력의
발현이라 할 수 있어요.

There is nothing more visceral than cynicism, nothing
more brutish than greed. These are reflexes, common
and unremarkable, of the undeveloped spirit. But
charity in its finest sense is always an act of the creative
imagination.

찰스 P. 피어스Charles P. Pierce 스포츠 저술가

오늘밤 잠자리에 들기 전, 축복의 목록을 만드세요. 그
러고도 기쁜 마음으로 잠들지 못한다면 당신과 나 둘
중에 한 사람은 바보겠죠.

Before you go to bed tonight, make a blessings list. If
you don't go to sleep with a sense of joy in your heart,
one of us is a fool.

필 맥그로, 심리학자

결국 우리가 줄 수 있는 가장 큰 친절은 진실입니다.

The truth is the kindest thing we can give folks in the
end.

헤리엇 비처 스토Harriet Beecher Stowe 미국의 사형폐지론자, 작가

만약 그대가 베풂의 힘에 관해 내가 아는 만큼 알고 있
다면, 단 한 끼의 식사일지라도 어떤 식으로든 나누지
않고 지나치지는 못할 것입니다.

If you knew what I know about the power of giving,
you would not let a single meal pass without sharing it
in some way.

부처Buddha 불교의 창시자

베푸는 것에서 위안을 찾는 동안, 나는 그것을 통해 내가 진정으로 얻으려 하는 것이 다름 아닌 스스로에게 주는 위안이라는 사실을 깨달았어요. 아무리 험한 길을 가게 되더라도 가능한 한 멀리까지 친구의 여정에 동참함으로써 얻게 되는 위안과 같은 것이죠.

As I seek the comfort to give, I know that what I've found in the search is comfort for myself, the consolation that comes from accompanying a friend on her journey as far as I can go, however steep the way.

캐서린 캘버트Catherine Calvert 저술가

나는 늘 감사의 마음으로 살고 있고, 그 덕분에 백만 배는 보답을 받았어요. 처음에는 작은 것에 고마움을 표하기 시작했는데, 점점 더 많이 고마워할수록 덩달아 통도 커지더라고요. 그건 바로 내가 베풀기로 마음먹었기 때문인데, 선에 초점을 맞추고 살수록 더 많은 선을 쌓을 수 있게 되죠.

I live in the space of thankfulness — and I have been rewarded a million times over for it. I Started out giving thanks for the small things, and the more thankful I became, the more my bounty increased. That's because what you focus on expands, and when you focus on the goodness in your life, you create more of it.

오프라 윈프리

진정한
기쁨

I define joy as a sustained sense
of well-being and peace—
a connection to what matters.

기쁨이란,
중요한 것과 연결되는
한결같은 행복과
내적 평화의 느낌이라고
생각해요.

오프라 윈프리

확실히 기쁨은 삶의 조건입니다.

Surely joy is the condition of life.

헨리 데이비드 소로, 철학자

정상적인 생활을 유지하려면, 우선 우리는 약간의 시간
을 낭비해야만 해요.

To be quite oneself one must first waste a little time.

엘리자베스 보엔Elizabeth Bowen 작가

하는 일을 사랑하고 그것을 중요히 여기는 것, 그것보
다 더 즐거운 일이 어디 있겠어요?

**To love what you do and feel that it matters — how can
anything be more fun?**

캐서린 그레이엄Katherine Graham 출판 발행인

그대의 지복至福을 따르세요.

Follow your bliss.

조지프 캠벨, 신화학자

내가 확실히 말할 수 있는 한 가지는 느낌, 시각, 다양한 수준의 기쁨 등을 경험하는 가능성에 둔감해져 폐쇄적인 삶을 살아가고 싶은 생각은 추호도 없다는 거예요. 오히려 매일 아침 가능성을 확장해가는 새로운 출발을 하고 싶은걸요. 그리고 한 가지 더 확신하는 게 있는데, 그건 한 사람이 엄청난 변화를 불러올 수도 있다는 사실이죠.

I know for sure that I don't want to live a shut-down life—desensitized to feeling, seeing, and the possibility of experiencing joy on every level. I want every day to be a fresh start on expanding what is possible. And I also know that one person can make a huge difference.

오프라 윈프리

살다 보면 여자는 가끔 남자 없이 사는 게 편하다고 느낄 때가 있지만, 그렇다고 기쁨까지 포기하고 살 필요는 없잖아요. 장난감도 없으면 안 되고요.

There may be times in a girl's life when it's better to be boyless, but there's no need to be joyless. Or toyless.

신디 처팩Cindy Chupack 작가

음악 속에서 나는 가능한 한 진실해지려고 노력합니다. 인생에서도 음악에서만큼 진솔해질 수 있을지는 잘 모르겠어요. 원래 예의를 지키려다 보면 위선적이 되기 쉽거든요. 예컨대 누가 "어떻게 지내세요?" 하면 "잘 지내요."라고 대답하지만, 실상은 그렇지 않을 때도 있잖아요. 숙취 때문에 죽을 맛일지 누가 알겠어요. 기쁨은 가장하기가 정말 힘든 감정 중 하나거든요.

In my music, I try to be as truthful as I can. I'm not sure I can be as honest in my life as I can be in my music, because with manners comes insincerity. Like 'How are you?' 'I'm very well.' But I'm not. I have a massive hangover······ Joy is the hardest possible thing to contrive as an act.

보노Bono 록 뮤지션

인생을 살다 보면 질병이나 참상, 타인에게 받는 심적 고통 등을 겪게 되어 있어요. 하지만 정말 자세히 살펴보면 어디서건 긍정적인 측면을 찾을 수 있죠.

In life there will be sickness, devastation, heartache—it's a given······. If you look hard enough, you can always find the bright side.

라시다 존스Rashida Jones 배우

인생의 마지막에 도착하면 어떤 느낌일지 걱정되나요?
그렇다면 지금은 어떤 느낌이 드는데요? 살아가세요.
현재를 사는 겁니다. 그곳에 바로 기쁨이 있으니까요.

You're worried about how you're going to feel at the
end of your life? What about right now? Live. Right
this minute. That's where the joy's at.

애비게일 토머스Abigail Thomas 저술가

추구하던 것을 얻으면 성공이지만, 추구하는 동안 그것
을 좋아한다면 그건 행복이죠.

Getting what you go after is success; but liking it while
you are getting it is happiness.

버사 데이먼Bertha Damon 저술가

매일 일하는 시간이 파이처럼 달콤하지는 않지만, 난
그것을 즐거운 책임으로 받아들여요.

It's not that I'm sweet as pie every day at work. But I
take work as a joyous responsibility.

줄리아 로버츠Julia Roberts 배우

총지배인이던 이전 상사가 내게 말했어요. "도나휴를 상대로 시카고에서 성공할 방법은 전혀 없어." 그러고는 나를 떠나지 못하게 구슬리려고 생각해낼 수 있는 갖은 수단을 다 동원했죠. 더 많은 돈, 회사 차, 새 아파트, 마침내는 위협까지 가하더군요. "넌 보나마나 실패할 거야." 난 일어서서 떠나기 전에 용기를 내어 이렇게 말했어요. "맞아요. 난 실패할지도 몰라요. 생각지도 못한 지뢰밭으로 걸어 들어갈지 누가 알겠어요. 하지만 그 사람들이 날 죽이지 않는 한, 어쨌든 계속 성장해나갈 겁니다. 계속 앞으로 나가겠죠." 그 순간 나는 행복을 택한 거예요.

My former boss, the general manager, said to me, 'There's no way you can make it in Chicago up against Donahue.' He used every tactic he could muster to entice me to stay — more money, a company car, a new apartment, and finally, intimidation: 'You're going to fail.' ⋯⋯I gathered the nerve to say to him before standing up to walk out, 'You're right, I may not make it, and I may be walking into unforeseen land mines. But if they don't kill me, at least I'll keep growing. I've grown all I can here. I have to move on.' In that moment, I chose happiness.

오프라 윈프리

놀이란 마치 꿈처럼 불필요한 듯하면서도, 그것 없이는 살 수 없는 그런 종류의 것입니다. 좋은 놀이는 본래 치유적이에요. 외상이나 위협이 즐거워지고자 하는 욕망을 앗아가는 경향이 있다면, 좋은 놀이는 그것의 필요성을 강화하죠. 혼돈의 시기를 헤쳐나가기 위해서는 결코 불안한 상태로만 존재할 수는 없습니다.

Play is one of those things—like dreaming—that seems superfluous but we cannot live without……. Good play, by nature, is therapeutic……. While trauma and threat tend to take away the desire for playfulness, they intensify the need for it. To live through uncertain times, we cannot exist solely in a state of apprehension.

마크 엡스타인Mark Epstein 정신과의사

행복은 어떤 목표를 향해 가는 수단이 아닙니다. 그것 자체가 목적이니까요.

My happiness is not the means to any end. It is the end.

아인 랜드Ayn Rand 작가

나는 늘 가지고 있는 것만으로도 행복해요. 뭔가를 더 얻게 된다면 그거야 좋은 일이죠. 하지만 가진 것 중에 절반을 내일 잃는다고 해도 뭐 그다지 문제될 건 없어요. 내가 신용카드로 물건을 안 사는 이유가 바로 그 때문이거든요. 지금 당장 모든 게 끝나버린다고 해도 여전히 내가 가진 것들은 남아 있잖아요. 만약 내일 모든게 끝나버린다고 해도 나는 이렇게 말할 거예요. '그래, 지금까지 잘해왔어. 열심히 살았잖아.'

I'm always happy with whatever I have. If I can get something else, great. If I lose half of everything tomorrow, fine. That's why I don't buy anything on credit. If everything is over with now, I still have what I have. If everything ended tomorrow, I'd say, 'Well, I did okay. That was a good run.'

제이 레노Jay Leno 텔레비전 프로그램 진행자

행복은 미덕도 기쁨도 아닌, 단순한 성장일 뿐입니다.

Happiness is neither virtue nor pleasure, nor this thing nor that, but simply growth.

W. B. 예이츠W. B. Yeats 시인

안타깝게도 우리는 돈을 쓰면 기분이 좋아질 거라는 착각을 하고 있어서, 돈은 종종 불행과 결부되곤 해요. 행복할 때 우리는 수준에 맞는 생활을 하게 되고, 그럼으로써 스스로의 재정을 안정적으로 관리해나가죠.

Money often compounds unhappiness because, mistakenly, we think that spending will make us feel better······. When you're happy, you create your own financial stability by living within your means.

수지 오먼, 금융 전문가

나는 기쁨을 매우 진지하게 받아들여요. 일할 때는 열심히 하고 놀 때는 제대로 놀거든요. 인생에 있어서의 음양설도 믿어요. 또 무슨 일을 하든 그 일에서 기쁨을 얻기 때문에, 날 행복하게 만드는 건 그다지 어렵지 않을 거예요.

I take my pleasure seriously. I work hard and pleasure well; I believe in the yin and yang of life. It doesn't take a lot to make me happy because I take pleasure from everything I do.

오프라 윈프리

도대체 무엇이 사람들의 몸에 이 이상한 반응이 나타
나게끔 하는 걸까요? 이 화학적이면서 물리적이기도
하고, 앉아 있는 자세까지 바꾸어버리게 하는 소음이자
감정이기도 한 이 반응 말입니다. 웃음, 그건 정말 이상
한 소리예요. 하지만 내가 사람들에게서 그런 반응을
이끌어내게 되면 난 갑자기 우쭐해져요. 웃음은 정말
멋진 거예요.

How do you find what's going to make everybody have
this strange reaction in their bodies, this response
that's sort of chemical and physical at once—this
noise and emotion that changes how you sit? A laugh
is a weird sound······. But when I can feel proud of
myself for causing it, it's really great.

빌리 크리스털Billy Crystal 코미디언

우리가 만끽하는 행복의 순간은 불시에 찾아옵니다. 행
복이란 우리가 잡는 것이 아니라 우리를 잡는 것이죠.

The moments of happiness we enjoy take us by surprise.
It is not that we seize them, but that they seize us.

애슐리 몬터규Ashley Montagu 인류학자

신중함에 어리석음을 조금만 섞어보세요. 시기적절한
순간에 실없어지는 것도 괜찮잖아요.

Mix a little foolishness with your prudence: it's good to
be silly at the right moment.

호러스Horace 풍자가

삶은 즐기는 것이지 견뎌내는 것이 아니에요. 기쁨과 선
과 즐거움은 생존하고자 하는 의지를 지탱시킵니다.

Life is to be enjoyed, not simply endured. Pleasure and
goodness and joy support the pursuit of survival.

윌러드 게일린Willard Gaylin 윤리학자

음악은 우리의 몸속으로 들어가 멋대로 혈관 속에서
맥박이 뛰게 만들어요. 그리고 기쁨이란 단지 기분만
좋아지게 하는 것이 아니라 역동적으로 살아 있음을
느끼게 해준다는 사실을, 음악은 늘 기억하게 하죠.

Music enters our bodies, commandeering the pulse in
our veins, and reminds us that pleasure isn't a matter
of feeling good but of feeling more alive.

홀리 브러바크Holly Brubach 언론인

우리는 가끔 옴짝달싹 못하는 상황에 갇혀버렸다는 생각을 하죠. 이혼 때문에 슬퍼하는, 끔찍하고 지긋지긋한 독신이라고 한탄하면서요. 하지만 기쁨을 선택하는 것은 당신의 능력이자 가장 건강한 관심이에요. 좋아요, 당신이 더는 연애 상대를 찾을 수 없다고 치죠. 영혼의 동반자라 여겼던 사람이 더는 당신을 예전처럼 생각하지 않을 수도 있어요. 그렇지만 행복의 길 위에 자신을 올려놓을 사람은 바로 당신 자신이에요. 그렇게만 되면 인생과 사랑에 빠질 수 있어요.

You may feel stuck—trapped in a bad relationship, grieving over a divorce, miserably and interminably single—but it is in your power, and your best health interest, to choose joy. Okay, so you can't find romance. Or your soul mate doesn't feel the same way about you. But you can put yourself in the path of happiness. You can fall in love with life.

레슬리 도어맨Lesley Dorman 언론인

기쁨의 진정한 특성을 이해하고자 한다면 사랑스러운 아기를 관찰해보세요. 우선 손가락을 설탕에 담갔다가 아기에게 내밀어 잇몸으로 열심히 빨아 먹는 모습을 바라보는 겁니다. 단맛이 다양한 뇌의 신경접합부를 자극하면서 아기의 얼굴 근육에서 긴장이 풀리는 것을 볼 수 있어요. 혀를 쭉 빼물고 싹싹 빨아 먹겠죠. 얼굴에는 꿈같은 미소가 빛나고 있을 테고요. 그게 바로 행복한 아기의 모습이에요.

To understand the true nature of pleasure, borrow an amiable infant. Dip your finger in sugar, offer it to the baby, and watch her intently gum the treat. As the sensation of sweetness fires various brain synapses, the baby's facial muscles will relax. Her tongue will protrude, flick in and out. A dreamy smile may light up her face. This is one happy baby.

그레첸 레이놀즈Gretchen Reynolds 작가

행복한 삶의 한 가지 조건은 연이어 생겨나는 작은 기쁨들이죠.

One of the secrets of a happy life is continuous small treats.

아이리스 머독Iris Murdoch 소설가

때로 나는 누군가 박장대소하던 모습을 떠올리기만 해도 소리 내어 웃게 됩니다. 누군가를 웃게 만드는 건 왜 그리 기분이 좋을까요? 그건 남을 웃기는 행위가 매우 이기적이면서 동시에 관대한 것이기 때문이에요. 다른 사람을 웃게 만들면 정말 기분이 좋아요. 그건 누군가 실제로 내 말을 듣고 있다는 것을 의미하거든요. 또한 웃음은 고통, 상심 그리고 흔히들 하는 말로 슬픔까지도 완화하는 엔도르핀을 생성하잖아요. 이 얼마나 고마운 선물입니까.

Sometimes I laugh out loud just remembering someone else laughing out loud. Why does it feel so good to make someone laugh? Because it's a selfish and generous action, both at the same time······. When we make others laugh, it's exhilarating. It means someone was actually listening to us. Laughter also releases endorphins that ease pain, heartache, or sadness (or so the story goes). What a gift.

보니 헌트Bonnie Hunt 배우

사람은 대부분 행복의 열쇠가 자신 바깥에 놓여 있다고 생각하죠. 그래서 사랑에 빠지기를 기대하고, 가족을 구성하고 싶어 하며, 경력을 쌓거나 꿈의 저택을 짓고 싶어 하는 거예요. 그리고 이 정도만 성취하면 충분할 거라고 생각합니다. 하지만 우리는 종종 한 가지 욕구가 충족되면 또 다른 욕구가 그 빈자리를 차지하게 된다는 사실을 깨닫게 되죠.

Most of us are brought up to think the key to happiness lies outside ourselves. We look to falling in love, having a family, making a career, or building a dream house, and we expect that these levels of accomplishment will be enough. But often we find that when one level of need is satisfied, another takes its place.

마크 엡스타인, 정신과의사

우리는 하루하루를 그 어느 때보다도 행복하게 살 수 있습니다.

It is possible to live happily ever after on a day-to-day basis.

마거릿 원더 보나노Margaret Wander Bonanno 저술가

나는 기쁨이 상호 교류되는 에너지라는 사실을 확신해요. 다시 말해, 내보내면 반드시 돌아온다는 말이죠. 얼마만큼의 기쁨을 가지고 있는가가 삶에 관한 당신의 관점을 결정하게 됩니다.

What I know for sure is that pleasure is energy reciprocated. What you put out comes back. Your base level of pleasure is determined by how you view your whole life.

오프라 윈프리

만약 살면서 억지로 무언가를 기대해야 하는 상황에 놓인다면 무조건 긍정적인 것을 보듬어 안아야 하는데, 거기에는 한 가지 타당한 이유가 있어요. 그것은 바로 우리가 믿는 바대로 결과가 나타나는 경우가 대부분이라는 거죠.

If we're stuck with having expectations, there's a very good reason to embrace positive ones: it's that we often create what we anticipate.

마사 베크, 인생 상담사

흐느낌이 하룻밤 내내 지속될지라도, 아침이면 기쁨이
찾아올 것이다.

Weeping may endure for a night, but joy cometh in the
morning.

<시편Psalms> 30:5

슬픔은 혼자서도 충분히 감당할 수 있지만, 가치 있고
충만한 기쁨을 얻고자 한다면 반드시 다른 사람과 그
것을 나누어야 합니다.

Grief can take care of itself, but to get the full value
of a joy, you must have somebody to divide it with.

마크 트웨인Mark Twain 소설가

기쁨은 기도예요. 기쁨은 힘입니다. 기쁨은 사랑이고,
영혼을 잡을 수 있는 사랑의 그물이죠.

Joy is prayer. Joy is strength. Joy is love. Joy is a net
of love by which you can catch souls.

마더 테레사, 가톨릭 수녀이자 노벨 평화상 수상자

사람은 큰 것에 몰두할 때만큼이나 작은 것에도 넋을 잃고 몰두할 수 있어요. 데이지꽃 한 송이에 혼을 쏙 빼앗긴 사람의 모습을 보고 있다고 생각해보세요. 얼마나 아름다워요!

One can get just as much exultation in losing oneself in a little thing as in a big thing. It is nice to think how one can be so recklessly lost in a daisy!

앤 모로 린드버그Anne Morrow Lindbergh 항공 분야 개척자이자 작가

낯선 마을에서 홀로 깨어나는 것은 세상에서 가장 유쾌한 감동 중 하나라고 할 수 있어요. 이제 당신은 모험에 둘러싸여 있는 겁니다.

To awaken quite alone in a strange town is one of the most pleasant sensations in the world. You are surrounded by adventure.

프레야 스타크Freya Stark 여행작가

기쁨은 사물 속에 있는 것이 아니라 우리 안에 있습니다.

Joy is not in things; it is in us.

리하르트 바그너Richard Wagner 작곡가

그대가 죽음의 문턱에 서면 신과 천사들이 나타나 그대의 삶 속에 허락되었으나 스스로 누리기를 거부했던 기쁨에 관한 책임을 물을 겁니다.

When you die, God and the angels will hold you accountable for all the pleasure you were allowed in life that you denied yourself.

작자 미상

누군가 우리의 기쁨을 함께 누리는 모습을 보면 우리는 혹시라도 정당한 몫을 빼앗기게 될까봐 노심초사할지도 몰라요. 하지만 다른 사람의 기쁨이 우리에게 불행을 야기하는 법은 없어요. 오히려 부정적인 태도가 스스로를 고립시켜 불행을 자초하는 결과를 가져오죠. 다른 사람에게서 차단당하는 듯한 고통스러운 느낌을 극복하려면 타인의 행복에 기뻐하는 법을 배워야 해요.

As we watch someone else partake of the stockpile of joy, our hearts may sink—we're not going to get our share. But someone else's pleasure doesn't cause our unhappiness—we make ourselves unhappy because our negativity isolates us. An alternative to feeling painfully cut off is to learn to rejoice in the happiness of others.

샤론 살즈버그Sharon Salzberg 명상법 강사

진정한 행복은 무엇보다도 스스로의 기쁨에서 샘솟는 거예요.

True happiness······ arises in the first place, from the enjoyment of one's self.

조지프 애디슨Joseph Addison 수필가, 시인

현재에 만족하는 법을 배우는 것이 기쁨으로 나아가는 길입니다.

Learning to live in the present moment is part of the path of joy.

사라 밴 브레스낙, 작가

이기는 것도 중요하지만, 정작 나를 기쁘게 하는 것은 무슨 일을 하든 완전히 몰두하는 데서 얻는 경험이죠.

Winning is important to me, but what brings me joy is the experience of being fully engaged in whatever I'm doing.

필 잭슨Phil Jackson 농구 코치

아무리 자가치유서를 읽고 전자상거래를 해도, 혹은 뭐든 다 아는 척하는 형제자매에게 묻는다 해도 당신에게 기쁨을 주는 것이 무엇인지 말해주지는 못할 겁니다. 그걸 알아내려면, 자기 자신을 예측하고, 주의 깊게 들어야 하며, 아주 사소한 호기심에도 반응할 수 있어야 해요. 그런 다음 어둠의 심연과 부정적인 목소리를 뚫고 찾아 나서는 겁니다. 마침내 목적지에 도착하면 당신이 누구인지에 관해 말해주는 심오한 목소리를 들을 수 있을 거예요. 목소리가 말해주는 그 사람이 바로 당신이 알아둘 가치가 있는 사람이죠.

No self-help book, e-retailer, or bossy sister can tell you what will give you pleasure. To find it, you have to divine yourself, listen for a particular note, or be alert to a gentle itch of interest, then follow it through the maw and negative voices. And when you've gotten there, what you've found probably speaks profoundly to who you really are. That person is worth getting to know.

신시아 킹Cynthia King 편집자

사람들은 자신을 행복하게 해주는 것에 의지해야 한다
고 믿는 경향이 있어요. 하지만 행복하게 만들어주는 그
것이야말로 세상에서 가장 불확실한 대상이라는 점은
깨닫지 못하죠.

People believe themselves to be dependent on what
happens for their happiness. They don't realize that
what happens is the most unstable thing in the
universe.

에크하르트 톨레, 영적 치유 강사

행복은 우리 자신의 손에 달려 있습니다.

Happiness depends on ourselves.

아리스토텔레스, 철학자

행복은 깊게 느끼고, 간단히 즐기고, 자유롭게 사고하
며, 위기를 감수하고, 필요한 사람이 되는 데서 오는 겁
니다.

Happiness comes of the capacity to feel deeply, to
enjoy simply, to think freely, to risk life, to be needed.

스톰 제임슨Storm Jameson 저술가

진정한 기쁨은 편안함이나 풍부함 혹은 칭찬에서 오는 것이 아니라, 가치 있는 무언가를 실천함으로써 느끼게 됩니다.

Real joy comes not from ease or riches or from the praise of men, but from doing something worthwhile.

윌프레드 그렌펠 경Sir Wilfred Grenfell 선교사

새들은 폭풍이 지나간 뒤에 노래 부르죠. 그렇다면 인간이라고 해서 남아 있는 햇살에 기뻐하는 자유를 만끽하지 못할 이유가 뭐겠어요?

Birds sing after a storm; why shouldn't people feel as free to delight in whatever sunlight remains to them?

로즈 케네디Rose Kennedy 자선활동가

내가 삶에 관해 해줄 수 있는 말은 "오, 제발, 즐겁게 사세요."가 전부예요.

All I can say about life is, Oh God, enjoy it!

밥 뉴하트Bob Newhart 코미디언

기쁨이나 돈의 부족함을 탓할 때, 우리는 우리가 가진 것과 우리가 누구인가를 혼동하게 됩니다. 진정한 부유함은 은행 잔고만으로 측정할 수 있는 것이 아니라 삶의 모든 수준에서 풍요로움을 따져봐야 하는 거예요.

When we blame our lack of joy on a lack of money, we are confusing who we are with what we have……. True wealth is not measured by bank account balances alone but by the richness of your life on every level.

수지 오먼, 금융 전문가

송로의 계절이 오면, 나는 흰색 송로버섯과 크림, 버터 등을 넣고 파스타와 리소토를 한 달에도 여러 차례 해 먹어요. 거의 '할렐루야'라고 외치고 싶을 만큼 행복한 시간이죠. 그래서 미리 계획을 세워놓을 정도로 광신적이에요.

During truffle season, I have pasta or risotto with white truffles, cream, and butter—multiple occasions a month. It's hallelujah time. I plan ahead, and I'm fanatical about it.

콜린 코위Colin Cowie 파티 플래너

나도 늘 내가 주장하는 내용을 실천에 옮기지는 않아요. 항상 가족이 모두 둘러앉아 식사를 하는 것이 아니라, 가끔은 식구들 밥을 차려주고 나는 위층으로 올라가 혼자 침대에서 밥을 먹기도 하거든요. 그 죄책감을, 아니 어떤 면에서는 기쁨이기도 한 그 상황을 나는 쟁반을 사용하지 않음으로써 만회하곤 하죠. 즉, 아름다운 린넨 천을 좋아하고 침대를 거의 숭배하다시피 하면서도 음식 부스러기와 국물을 막 흘리면서 내 게으르고 탐욕스러운 흔적을 이불에 남겨놓는 거예요.

I do not always practice what I preach and sit down to eat with all my family, but rather feed them and then sneak upstairs to eat my supper in bed. I compound this sin, but also my pleasure somehow, by not having a tray. I love beautiful linens and adore my bed, but I am uncaring about the spillage and drips and crumbs I leave in my lazy, greedy wake.

니겔라 로슨Nigella Lawson 요리책 저술가

소위 '끝장난' 사람이란 없어요. 현재 상황이야 어떻든 앞을 보며 나아갈 수 있도록 스스로에게 힘든 질문을 끊임없이 퍼부어대는 것이야말로 우리가 당면한 가장 큰 과제라 할 수 있죠. 내가 살아오면서 발견한 바에 따르면, 기쁨은 지금 나아가는 반대 방향에서 기다리고 있는 어떤 것이 아니라 나아가는 행위 그 자체예요. 가장 큰 기쁨은 그냥 존재하는 것이 아니라 무언가 되어가는 과정 속에 놓여 있어요.

There is no such thing as a 'finished' person; whatever your circumstances are, it is your challenge to keep asking yourself the tough question that will move you forward in your life. What I've discovered is that joy isn't waiting on the other side of that process; joy is that process······. The greatest joy lies not in simply being but in becoming.

오프라 윈프리

연주하지 않을 거라면 음악은 배워 뭐 하나요? 사랑하는 사람에게 줄 것도 아니면서 스웨터는 왜 짜고 있어요? 우리는 늘 우리가 하는 모든 일이 완벽한 계획 아래 진행되어야 한다고 생각해요. 그러고는 독자나 비평가에게 전혀 구속받지 않고 살아갈 때 피부 속에 느껴지는 순수하고 검열 받지 않는 기쁨에 관해서는 아예 잊어먹어버리죠. 하지만 자신만을 위해 그림을 그리거나, 빈 사무실에 앉아 고래고래 소리 지르며 구슬픈 노래를 부른다고 해서 누가 뭐라 할 리 없잖아요.

Why learn a piece of music unless it's to be performed? Why knit a sweater unless it's to be given to a loved one? We think everything we do has to be up to snuff and we forget that the pure, uncensored joy of living in our skin comes when we are not attached, to either our fans or our critics. We can paint just for ourselves. We can belt out torch songs in an empty office.

베로니카 챔버스, 작가이자 언론인

기쁨과 희망은 절대 분리할 수 없습니다. 나는 희망을 잃고 우울해하거나 잔뜩 찡그린 채로 기대에 부풀어 있는 사람은 만나본 적이 없거든요. 삶의 매순간마다 기쁨을 선택할 기회는 바로 우리 손에 쥐어져 있음을 깨닫는 것이 무엇보다 중요합니다. 진정한 자유도 바로 그 선택 속에 놓여 있고, 결국에는 그 자유가 사랑할 자유가 될 테니까요.

Joy and hope are never separate. I have never met a hopeful person who was depressed or a joyful person who had lost hope……. It is important to become aware that at every moment of our life we have the opportunity to choose joy. It is in the choice that our true freedom lies, and that freedom is, in the final analysis, the freedom to love.

헨리 J. M. 나우웬Henri J. M. Nouwen 목사

행복은 늘 우리를 피해 달아나는 듯하지만, 불행에서
놓여날 자유는 지금 당장이라도 잡을 수 있습니다. 불
행에 관해 이야기를 지어내는 대신 그 실체를 직면하
면 되니까요.

Happiness is ever elusive, but freedom from unhappiness
is attainable now, by facing what is rather than making
up stories about it.

에크하르트 톨레, 영적 치유 강사

기쁨이란, 중요한 것과 연결되는 한결같은 행복과 내적
평화의 느낌이라고 생각해요. 내가 확실히 아는 한 가
지는, 우리가 얼마나 진실하게 살아가는가의 정도와 진
정한 기쁨을 느끼는 정도가 비례한다는 사실이에요.

I define joy as a sustained sense of well-being and peace
—a connection to what matters……. What I know for
sure is that you feel real joy in direct proportion to how
connected you are to living your truth.

오프라 윈프리

열정이 저지를 수 있는 최악이자 유일하기까지 한 죄
악은 바로 기쁨 없이 사는 겁니다.

The worst sin — perhaps the only sin — passion can commit, is to be joyless.

도로시 L. 세이어즈Dorothy L. Sayers 저술가

유머는 심각한 상황을 참을 만한 것으로, 굴욕적인 상황
을 겸손함으로, 평범한 것을 독특함으로 바꾸어놓을 수
있어요.

Humor can turn the serious into the bearable, the humiliating into the humbling, the mundane into the unique.

리안 돌런Lian Dolan 저술가

매일 자신을 위해 깊게 호흡하고 신발을 벗어던진 후 밖으로 나가 춤출 기회를 만들어보세요. 감당할 수 있을 만큼의 커다란 기쁨, 재미, 웃음으로 가득 찬 후회 없는 삶을 살아가기 위해서요. 우리는 삶의 마루 위에서 대담하게 왈츠를 추며 영혼이 이끄는 방식대로 살아갈 수도 있지만, 벽 앞에 조용히 앉아 두려움과 자기 회의라는 그림자 안으로 숨어들 수도 있어요. 지금 이 순간, 당신의 것이라고 확신하는 이 유일한 순간, 선택은 당신의 손에 달려 있어요.

Every day brings a chance for you to draw in a breath, kick off your shoes, and step out and dance—to live free of regret and filled with as much joy, fun, and laughter as you can stand. You can either waltz boldly onto the floor of life and live the way you know your spirit is nudging you to, or you can sit quietly by the wall, receding in the shadows of fear and self-doubt. You have the choice this very moment—the only moment you have for certain.

오프라 윈프리

Qprah Winfrey

몸과
마음의
조화

This is the body you've been
given—love what you've got.

이게 바로
내게 주어진 몸이니,
가진 걸 사랑하자고
생각했죠.

오프라 윈프리

진정한 아름다움은 균형 잡힌 몸매나 몸무게 혹은 화장이 아닙니다. 삶을 직면할 줄 알고, 그 장대함이 스스로의 모습에 반영되는 것을 보는 것이죠.

Real beauty isn't about symmetry or weight or makeup; it's about looking life right in the face and seeing all its magnificence reflected in your own.

밸러리 먼로Valerie Monroe 저술가

사람은 누구나 다 자기 몸에서 마음에 안 드는 부분이 있을 텐데, 나는 그 부분에 관해 더는 불평하지 않기로 했어요. 하늘이 발휘한 솜씨를 비판하고 싶지 않거든요. 내가 할 일은 바로 그 대작에서 뿜어져 나오는 광채가 널리 비칠 수 있도록 해주는 거예요.

Everybody has a part of her body that she doesn't like, but I've stopped complaining about mine because I don't want to critique nature's handiwork……. My job is simply to allow the light to shine out of the masterpiece.

알프리 우다드Alfre Woodard 배우

타고난 육체는 그 어떤 삶의 경험보다도 복잡하고 명확하게 우리의 개성을 조각합니다. 18년이라는 세월 동안 198센티미터라는 내 키가 나를 수줍어 숨고 싶은, 잠시도 방심하지 않는 자의식을 갖게 만들었어요. 그로부터 25년이 지난 지금 나는 큰 키를 사랑하죠. 그보다 더 멋진 게 뭐가 있겠어요? 슈퍼마켓에서 엄마를 위해 높은 선반에 놓인 수프나 캐슈를 집어 드리는 일은 정말 기쁘잖아요. 우리 애들이 사람 많은 곳에서도 날 잃어버릴 걱정이 없다는 사실도 무척이나 마음에 들고요.

The body you're born with sculpts your personality as intricately and definingly as any life experience. For nearly eighteen years, my six-feet-seven-inches-ness made me shy, elusive, and vigilantly self-conscious……. Twenty-five years later, I love being tall. What could be cooler? It's my pleasure to grab soup or cashews on high shelves for mothers in supermarkets. I like the fact that my kids won't ever lose me in a crowd.

피터 스미스, 작가

나는 불완전한 내 몸을, 마치 여권에 찍힌 도장처럼 그곳에 붙어 있는 역사의 작은 조각들을 바라봅니다. 그것은 체육관에서 자신 있게 수건을 벗어 던지도록 만들거나 발가벗은 채 호수로 맨 먼저 뛰어들게 만드는 그런 종류의 도장은 아니지만, 한 편의 잘 쓴 이야기처럼 내가 머물렀던 장소와, 그 여정 중에 만났던 귀찮은 사람들 혹은 사랑스러운 사람들을 다시금 떠올리게 하죠.

I look at my very imperfect body and see its patches of history, like stamps on my passport. The stamps aren't the kind of thing that would make me throw off my towel at the gym or be the first to jump naked into a lake. But like a good story, they remind me of where I've been, and the annoying and endearing people I've met along the way.

벳시 카터Betsy Carter 저술가

자신의 본질적 가치를 깨닫는다는 것은 잠재적으로 모든 것을 갖는 것과 같아요.

To have that sense of one's intrinsic worth······ is potentially to have everything.

조앤 디디온Joan Didion 언론인이자 작가

방어적이고 자의식에 휩싸인 내적 비판을 포기해버리세요. 그럼 모든 사람은 아닐지라도 대부분의 사람, 즉 충분히 많은 사람이 보내는 더 많은 웃음, 예의, 친절, 갖가지 종류의 긍정적인 관심을 얻게 될 거예요.

The more you release your defensive, self-conscious inner critic, the more you'll get smiles, courtesy, friendliness, all kinds of positive attention—not from everyone, but from most people. From enough people.

마사 베크, 인생 상담사

사실 어떤 각도에서 보면 난 내 코가 마음에 들어요. 그 사실은 지금도 변함없어요. 어떤 사람은 이렇게 말하더라고요. "그 콧잔등에 툭 튀어나온 것만 없애버리면 예쁠 텐데." 그러면 난 이렇게 대답하죠. "그런데 난 이 튀어나온 게 좋아요."

From certain angles, I liked my nose—still do. Some people would tell me, 'You could take the bump off.' And I would say, 'But I like the bump.'

바브라 스트라이샌드Barbra Streisand 가수

솔직히 말해서 난 머리 스타일에 제대로 관심을 기울여본 적이 없어요. 단지 뜨지 않게 하려고 애쓰면서 감추려고만 했죠. 사람들이 내가 그들과 다르다는 사실을 알아차리게 하고 싶지 않았거든요. 시간이 좀 걸리기는 했지만, 머리칼이 자라면서 나는 내 머리에 얼마나 많은 질감이 존재하는지 알게 됐고, 그 사실에 감사하기 시작했죠. 지금은 오히려 낯선 사람들이 "도대체 뭘 사용하면 이런 식으로 머리 모양을 만들 수 있어요?"라고 물어오길 기대해요. 그 대답은 바로 여러 대륙을 거쳐 유전돼온 내 DNA거든요. 멋지지 않나요?

I'd never actually paid attention to my hair; I'd only tried to flatten it out and hide it so people wouldn't peg me as different. It took a while, but as my hair grew, I began to appreciate how many textures exist on my scalp……. Now I actually look forward to strangers asking, 'What do you use to get your hair like this?' It's called Multicontinent DNA. Cool, right?

안젤라 니셀Angela Nissel 작가이자 텔레비전 프로듀서 내가 하룻밤 새에 누군가를 닮고 싶은 마음을 포기했다고 말할 수는 없어요. 혹은 지금은 절대 그런 생각을 하지 않는다고 장담할 수도 없죠. 하지만 아름다움이라는 것이 얼마나 주관적이며, 얼마나 상황에 좌우되는 것인지, 또 얼마나 변하기 쉽고 넓은 개념인지에 관해 마음 깊은 곳에서부터 이해하고 있어요.

I can't say that overnight I stopped wanting to resemble someone else (or that I never do now), but I understand on a visceral level how deeply subjective beauty is, how wholly dependent on context, how mutable, how wide.

엘리자베스 번Elizabeth Bern 저술가

직감에 문제가 생기면 늘 골치 아픈 일이 일어나요. 직감은 내적 나침판과 같거든요. 그러니 어떤 해결책이 필요해서 조언을 구할 때마다 자꾸 잘못된 방향으로 나아가게 하죠.

Whenever your gut is out of kilter, trouble awaits. Your gut is your inner compass. Whenever you have to consult other people for an answer, you're headed in the wrong direction.

오프라 윈프리

우리가 할 수 있는 최선의 것은 지금 가지고 있는 것, 즉 우리 안에 내재한 향상의 힘에 집중하는 겁니다. 육체적인 것에 관해서는 어디에 집중하면 되느냐고요? 곁에 있는 동반자를 사랑하세요.

The best we can do is focus on what we have the power to improve in ourselves, and when it comes to body — love the one you're with.

사라 데이비슨Sara Davidson 저술가

역설적이게도 나는 무대에 서는 사람이면서도 외모에 콤플렉스가 엄청나요. 사람들은 내가 굵은 다리 때문에 고민한다거나 외모를 마음에 안 들어 한다는 사실을 알게 되면 매우 충격을 받죠. 누구에게나 자신 없는 부분이 있잖아요. 없다고 한다면 거짓말이죠. 난 내 두려움을 극복해야만 해요.

The irony of being a performer is that I have huge insecurities. People are shocked to hear that I think my legs are fat or I don't like the way I look. We all have insecurities. We'd be lying if we said we didn't……. My job is to conquer my fears.

마돈나Madonna 가수

가끔 내가 부부의 침상에서 내려와 욕실로 걸어 들어
갈 때면, 쾌락으로 상기되고 흐트러진, 오랫동안 사랑
받아온 내 표정이 젊은 시절 자두처럼 탱탱하던 모습
보다 더 아름답다는 사실을 확실히 깨달아요.

Sometimes I climb from my marriage bed to the
bathroom, and that long-loved look on my face —
lushed and rumpled with pleasure — olds more beauty,
I see clearly, than any of the plummy tautness of my
younger self.

캐서린 뉴먼Catherine Newman 작가

나는 요람에서 무덤까지 인간의 몸을 속속들이 알고
있어요. 엄마이면서 미대 학생이기도 했거든요. 나는
모든 인간의 몸을 사랑해요. 그것 자체가 자연이기에
천성적으로 아름다울 수밖에 없거든요.

I know the human body from the cradle to the grave.
I'm a mother. I was an art student. I love bodies in
every guise. They're nature, so by nature they're
beautiful.

퍼트리샤 볼크Patricia Volk 작가

크기에 집착하지 마세요. 만약 77 사이즈를 입어야 하기 때문에 자신이 미워진다면, 펜을 집어들고 라벨에 55 사이즈라고 고쳐 쓰면 되잖아요.

Don't get hung up on the size. If you feel bad about yourself because a 12 is what fits, take a Sharpie, and write '6' on the label.

스테이시 런던Stacy London 패션 컨설턴트

사실 지금까지 내 종아리와 허벅지가 다르게 생기고 안짱다리도 아니었으면 얼마나 좋을까 하는 생각을 전혀 안 해본 건 아니지만, 그래도 나는 한 인간으로서 내 모습이 좋아요. 그리고 내게는 외모보다 더 가치 있는 특징이 많다는 걸 나 스스로 믿기 때문에 다른 사람들이 안 믿을 수가 없는 거죠.

I may wish I had different calves and thighs, and no knockknees. But I like who I am as a person. And because I believe that there's much more to me than my looks, other people believe it, too.

펠리시아 P. 필즈Felicia P. Fields 배우

몸을 증오하는 현상은 개인적인 문제로만 치부되어 왔지만 사실 그것은 사회적 문제이자 정치적이고 문화적인 문제이기도 해요. 우발적이거나 부수적인 문제가 절대 아니에요. 오히려 유발되고 주입되고 계획된 거라 할 수 있죠. 사회적인 행동주의와 공동체가 그러한 증상의 해독제가 될 수 있습니다. 우리는 어느 누구도 매일 쏟아져 나오는 허위 광고, 형상화, 방송 프로그램, 감언이설, 사고력 통제 등의 맹공격에 혼자 맞설 만큼 강하지 않아요. 하지만 단체로 맞선다면 그 압제 행위를 바꾸어놓을 수 있어요.

Body hatred has been defined as a personal problem. But it is a social problem, a political problem, a cultural problem. It is not accidental or incidental. It is induced, injected, and programmed……. The antidote to body hatred is social activism and community. None of us is strong enough to stand up to the daily onslaught of propaganda, imagery, programming, seduction, and mind control. But as a group, we can shift the tyranny.

이브 엔슬러Eve Ensler 극작가

만약 우리가 단순한 식탐으로만 음식을 먹는 것이 아니라 그것을 향유하기 위해 먹는다면 지금보다 훨씬 건강해질 뿐 아니라 행복해지기도 할 거예요.

If we looked at eating as an activity to relish rather than as an invitation to gluttony, we'd all be not only healthier but happier.

미셸 스테이시Michelle Stacey 저술가

삶은 매일, 하루도 쉬지 않고 우리에게 말을 걸어옵니다. 우리가 할 일은 그 이야기를 들어주면서 단서를 찾는 거예요. 열정이 우리의 느낌을 통해 속삭이고, 우리가 가진 최고의 선을 향해 나아가라고 손짓해주죠. 무엇이 우리를 활기 있게 하고, 연결시키며, 자극하는지에 주의를 기울이세요. 무엇이 당신을 정말 신나게 만드는지 찾아내는 거예요.

Your life is speaking to you every day, all the time—and your job is to listen up and find the clues. Passion whispers to you through your feelings, beckoning you toward your highest good. Pay attention to what makes you feel energized, connected, stimulated—that gives you your juice.

오프라 윈프리

우리가 몸 안에서 깨어나 느끼기 시작하면 세상도 살아 나기 시작합니다. 지혜, 창조의 힘 그리고 사랑은 우리 가 몸을 통해 이완되고 깨어나야만 발견할 수 있어요.

When we're awake in our bodies and senses, the world comes alive. Wisdom, creativity, and love are discovered as we relax and awaken through our bodies.

타라 브락Tara Brach 심리학자

의혹은 아무것도 못하게 하는 것을 의미해요. 움직이지 도 말고, 대답도 하지 말고, 앞으로 달려나가지도 말라 는 거죠.

Doubt means don't. Don't move. Don't answer. Don't rush forward.

오프라 윈프리

자신감은 여성이 품을 수 있는 가장 도발적인 매력입 니다. 몸의 그 어떤 부분보다도 훨씬 매력적이죠.

Confidence is the sexiest thing a woman can have. It's much sexier than any body part.

에이미 멀린스Aimee Mullins 다리 절제 수술을 받은 모델

올이 성긴 시폰 속으로 미끄러져 들어가는 순간, 내 인식은 변화했어요. 거울을 바라보면서 눈물을 흘렸죠. 정말이에요. 내가 그런 모습으로 변할 수 있다는 사실은 짐작도 못했거든요. 울퉁불퉁 튀어나왔다고 생각한 부분은 부드러운 곡선이 되어 있었고, 뚱뚱하다고 믿어 의심치 않았던 부분은 매끈하고 부드럽게 보이더라고요. 아름다운 여인 하나가 거울 속에서 나를 바라보고 서 있는데, 거의 40년이라는 삶을 살아온 후에야 비로소 나는 그 여인을 볼 수 있었죠.

The moment I slipped into the wispy chiffon, my perception changed. When I looked in the mirror, I cried. I'm not kidding. I didn't know I could look like that. What I thought were bulges became curves, and what I was convinced was fat became pleasingly soft and round. There was someone beautiful looking back from the mirror, and after nearly forty years of life, I could see her.

에이미 헤르츠Amy Hertz 편집자

본능에 충실하세요. 직관은 거짓말을 하지 않아요.

Trust your instincts. Intuition doesn't lie.

오프라 윈프리

열다섯 살 때, 체육 선생님이 내 자아에 끔찍한 상처를 준 적이 있어요. "너 이번 여름에 몸매가 완전히 변해버렸어. 자, 봐. 엉덩이가 꼭 임신한 여자 같잖아!" 선생님이 아무리 좋은 의도로 말했더라도, 나는 너무 놀라고 상처를 입었어요. 물론 지금은 마침내 자아 수용이라는 걸 하게 됐어요. 그래서 주근깨투성이에 푸석푸석한 머리칼, 두루뭉술한 몸매, 창백한 뺨일지라도 어쨌든 다 내 모습이니 괜찮아요.

Once, when I was about fifteen, my gym teacher had provoked a horrible crisis of self-image when she remarked, 'Your whole body changed this summer—look at you, you have childbearing hips!' I was appalled and hurt beyond any sane sense of what she had said. Now here it was finally, selfacceptance: freckles, fluffy hair, roundness, a slight flush to the cheeks. All good, and all me.

엘라이나 리처드슨Elaina Richardson 저술가 사람들은 항상 이렇게 말하죠. "너무 바빠서 운동할 시간이 없어." "애들 때문에 옴짝달싹도 못해." "할 일이 태산이야." 그런데 그거 아세요? 이런 말은 스스로 하는 사소한 거짓말에 지나지 않아요. 게다가 자기 보존의 법칙을 거스르는 행위죠. 왜냐하면 건강해질수록 다른 사람에게 더 많이 베풀 수 있게 되니까요.

People always say, 'I'm too busy to exercise,' 'I have to be there for the kids,' 'I've got too much work.' You know what? These are little lies you're telling yourself, and they go against the laws of self-preservation, because the more whole and healthy you are, the more fully you can give to other people.

오프라 윈프리

인간의 몸뚱이가 정원이라면, 의지는 그 정원사라네.

Our bodies are our gardens, to the which our wills are gardeners.

윌리엄 셰익스피어William Shakespeare 극작가,

《오셀로Othello》(1막 3장) 중에서

이제 나는 거울을 들여다보면서 몸의 실망스러운 구석만 찾아내는 일 따위는 하지 않아요. 대신 활기차고 유연하며 힘이 넘치는, 관능적이고 육감적인 에너지가 샘솟는 유기체를 바라보죠. 그리고 더욱 당당히 서서 더 깊게 호흡하며 가슴을 활짝 열어놓습니다.

I no longer look at every reflection of myself and see a map of disappointments. I see vigor, curves, and force, an organic tumble of sensual, sexual energy. I stand straighter. I breathe deeper. My heart opens.

리스 펀더버그, 작가

나는 마지막으로 거울 속에 비친 모습을 유쾌하게 점검하고, 우스꽝스러운 모자를 똑바로 고쳐 쓴 다음 다시 결혼식에 참석하러 나갔죠. 그때도 마찬가지였지만 지금도 나는 외모가 성공과 행복의 유일한 열쇠라고 생각하는 사람은 틀렸을 뿐 아니라 미쳤다고 생각해요.

I gave the reflection in the mirror a last cheerful examination, adjusted the ridiculous hat slightly, and went out to rejoin the wedding—sure then as now that anyone who thinks that physical appearance alone is the key to success and happiness is both wrong and mad.

메이브 빈치Maeve Binchy 작가

보톡스를 맞아야겠어. 난 왜 이렇게 몸이 둔하지? 난 내 코가 정말, 정말, 정말로 싫어. 자신에게 보내는 독설 같은 주문을 인식했다면, 그 하나하나를 진심에서 우러나는 칭찬으로 바꾸어보는 겁니다. 만약 팔뚝에 붙은 군살이 혐오스럽다면, 그 군살뿐 아니라 팔 전체가 당신이 차의 기어를 바꾸는 힘찬 동작을 할 때에는 물론이고 바늘귀를 꿰는 섬세한 동작을 할 때에도 모두 관여하고 있다는 사실을 스스로 상기시키는 거예요. 물론 처음에는 기분이 이상하겠지만, 좀 더 주의를 집중하다 보면 칭찬으로 독설을 막아내는 것이 얼마나 당신의 몸에 긍정적인 효과를 나타내는지 곧 알게 될 겁니다.

I need Botox. Why am I so dense? I hate, hate, hate my nose. Once you've noticed your own abusive mantras, begin countering each one with some sort of genuine praise······. If you loathe your upper-arm flab, make yourself think about the fact that your arm, flab and all, can participate in procedures as delicate as threading a needle or as powerful as shifting a car in gear······. This may feel absurd at first, but if you pay attention, you'll find that countering abuse with praise has a wonderful effect on your own body.

마사 베크, 인생 상담사

우리가 어떻게 하면 더 날씬해질까 생각하고 있다고
가정해보죠. 그래서 살을 빼게 된다면 우리는 또 어딘
가를 향해 나아가고 있을 거예요. 다시 말해 현재에 만
족하고 충실하려 하지 않는다는 거예요. 지금 가진 것
을 다르게 변화시키려고 노력하는 동안은 우리는 자발
적이지도 않고, 스스로의 창의성과 직관을 받아들이지
도 않아요. 그리고 가장 중요하게는 모두 자신의 마음
속에만 갇혀 살기 때문에 서로 멀어지기만 할 뿐 진정
한 사랑을 느끼지도 못하죠.

Say we're thinking about how to get skinnier. When
we do that, we're on our way to somewhere else; we're
not experiencing life right here. In the moments when
we're trying to make things different, we're not
spontaneous, we're not accessing our creativity or
intuition, and most important—because living in our
minds keeps us separate from each other—we can't
really feel love.

타라 브락, 심리학자

요즘은 어떤 여성이라도 마음껏 멋을 내고, 가슴을 위로 한껏 밀어 올린 채 즐거운 시간을 보낼 수 있어요. 왜 안 되겠어요? 너무 나이를 먹어서요? 아니면 가슴이 너무 납작한가요? 만약 당신이 스스로 가슴 굴곡이 그다지 매력적으로 보이지 않는다고 생각한다면 나는 이렇게 말해주고 싶어요. 만약 당신의 보물상자가 조금은 무거워 보이거나 세월의 흔적으로 빛바래 보인다면 어쩌실래요? 겨우 그까짓 이유 때문에 주어진 자유를 즐길 기회를 포기할 수는 없잖아요.

Now any woman can play adult dress-up and have fun as her breasts rise to the occasion. Why not? You're too old? Too flat? If you're thinking that cleavage is not for the mature, I say, So what if your treasure chest has become a bit weighty or tarnished by time? Those are meager reasons to quit enjoying your bounty.

밸러리 먼로, 저술가

모든 여성의 몸은 있는 그대로의 모습으로 받아들여지길 원합니다.

Each individual woman's body demands to be accepted on its own terms.

글로리아 스타이넘, 여성 인권 운동가

무엇을 해야 할지 모르겠다면 확실한 감이 잡힐 때까지 아무것도 하지 말라는 게 내가 줄 수 있는 최고의 조언이에요.

When you don't know what to do, my best advice is to do nothing until clarity comes.

오프라 윈프리

막막한 느낌이 들면서 아무런 결정도 내릴 수 없을 때, 나는 그저 모든 걸 멈추고 조용히 앉아 있어요. 여유를 두고 스스로에게 묻습니다. 기분이 어떤지, 삶이 어떤 식으로 변해갔으면 좋겠는지, 그러고는 무얼 해야 할지, 또 뭘 할 수 있을지에 관해서는 전혀 생각지 않고, 타인의 기대와 외부의 압력 혹은 누군가를 기쁘게 하겠다는 생각도 떨쳐버린 채 그저 가만히 듣기만 합니다. 궁극적으로 모든 해답은 내 안에서 나온다는 사실을 믿거든요.

When I feel lost and can't make a decision, I just stop and get quiet. I take a time-out. I ask myself, How does this feel? What do I want my life to be like? I try not to listen to the shoulds or coulds, and try to get beyond expectations, peer pressure, or trying to please—and just listen. I believe all the answers are ultimately within us.

킴 캐트럴Kim Cattrall 배우

가장 중요한 돈의 법칙 하나는 다른 사람을 신뢰하기보다는 자기 자신을 신뢰해야 한다는 겁니다. 우리의 직감이 뭔가 말해주고 있잖아요.

One of the most important laws of money is to trust yourself more than you trust anyone else⋯⋯. Your gut is telling you something.

수지 오먼, 금융 전문가

우리에게 새로운 모험과 성장해나갈 새로운 방향과 새로운 배움을 끊임없이 찾아가게 하는 것은 다름 아닌 몸과 마음 그리고 정신에 대한 자신감이라고 생각해요. 인생이 그것 말고 뭐가 있겠어요.

It is confidence in our bodies, minds, and spirits that allows us to keep looking for new adventures, new directions to grow in, and new lessons to learn—which is what life is all about.

오프라 윈프리

새로운 사람들과 연기를 할 때면 나는 가능한 한 그들과 조화를 이루려고 노력해요. 이 사람들이 무언가에 정신을 빼앗긴 것은 아닐까? 너무 경쟁적이지는 않은가? 그러는 동안에도 직관은 끊임없이 작용하기 때문에, 주의 깊게 귀를 기울여야만 해요.

When I'm acting with new people, I try to tune in to what's going on. Are they distracted by something? Are they competitive? ⋯⋯Intuition is working all the time—you just have to listen to it.

팜 그리어Pam Grier 배우

어쩌면 우리는 바쁘게 사는 것이, 우리를 두렵게 만드는 요소인 침묵과 우리 자신, 이 두 가지로부터 스스로를 보호하는 쿠션 역할을 해준다는 사실을 믿고 싶지 않은지도 몰라요. 하지만 만약 당신이 하던 일을 멈추고 스스로의 느낌에 조금 덜 두려움을 느끼게 된다면 무슨 일이 생길까요?

Perhaps we don't want to believe that our staying too busy might be a cushion that protects us from the two things that scare us: silence and ourselves. But what would happen if we stopped and became a little less fearful of what we're feeling?

알리 러셀 혹스차일드Arlie Russell Hochschild 작가이자 사회학자

운명이란 어떤 단어에 관한 매력이라든가, 아이의 웃음
이 불러일으키는 전율, 심지어는 늘 흥얼거리는 친숙한
노래처럼 매우 사소한 것들을 통해 발견해나가는 거라
고 나는 믿어요. 만약 우리가 우리를 가장 흥겹게 만들
거나 몰두하게 만드는 순간, 혹은 자기 자신은 물론이
고 타인과도 긴밀히 연결해주는 순간에 주의를 기울인
다면, 그다음에 기다리는 최고의 장소로 안전하게 인도
될 거예요.

I believe we discover our destinies in the smallest
ways—in a fascination with words, in the thrill a
child's laughter evokes, and even in a familiar song we
keep humming. If you pay attention to these cues—to
the times you've felt most joyous, most fully engaged,
most connected with yourself and others—you'll
always be guided to the next best place.

오프라 윈프리

대부분은 자신이 기대에 미치지 못한다는 생각을 하며 스스로를 구속하는 데에 너무도 많은 시간을 허비합니다. 그리고 스스로 부족하다고 판단하는 매순간마다, 우리는 눈앞에 있는 삶을 편안하게 받아들이지도 감사히 여기지도 못하게 되죠.

Most people don't realize how much time we spend imprisoned by a sense of falling short. And yet at any moment that we're judging ourselves insufficient, we can't relax and appreciate the life that's right here.

타라 브락, 심리학자

20년 동안 환자들을 위해 일하면서, 나는 도전 의식을 능가하는 동기를 부여해야만 사람들이 변화를 시도한다는 사실을 알게 됐어요. 하지만 아무리 강렬한 동기를 부여해도 도넛을 포기하고 돌아서기란 그리 쉬운 일이 아니죠.

In twenty years of working with patients, I've found that people will commit to change only when their motivation outweighs the challenges……. Even if you're strongly motivated, though, doughnuts are tough to walk away from.

데이비드 L. 카츠David L. Katz 의사이자 영양 전문가

머리부터 발끝까지 자체 평가를 해본 결과, 내 몸에는 개선해야 할 부분이 너무나도 많았지만, 나는 온몸에 쌓여 있는 지방을 포함해 그 어떤 부분도 더는 미워하지 않기로 마음먹었어요. 이게 바로 내게 주어진 몸이니, 가진 걸 사랑하자고 생각했죠. 이게 바로 내가 타고난 얼굴이고, 두 살 때부터 눈 밑에 있던 주름이 나이를 먹어감에 따라 깊어지지만, 그것마저도 내 것이잖아요. 여덟 살 때 코 양쪽에 솜을 받치고 빨래집게를 꽂은 채 잠을 자면서 어떻게든 높이고 싶었던 그 펑퍼짐한 코도 역시 나와 함께 나이를 먹어왔어요. 웃을 때마다 안으로 잡아당기려 애쓰곤 했던 그 두꺼운 입술은, 지금의 내가 매일 수백만 명에게 말을 할 때 사용하는 그 입술이에요. 그러니 내 입술은 두꺼워야만 해요.

I did a head-to-toe assessment, and though there was plenty of room for improvement, I no longer hated any part of myself, including the cellulite, I thought, this is the body you've been given—love what you've got. This is the face i was born with—the same lines I had under my eyes at age two have gotten deeper, but they're my lines. The same bord nose I tried to heighten when I was eight, by sleeping with a clothespin and two cotton balls on the side, is the nose I've grown into. The full lips i used to pull in when smiling are now the lips I use to speak to millions of people everyday—my lips need to be full.

오프라 윈프리

깨달음의
순간

Once the light bulb came on for me
that day, my calling became to
create shows that encourage and
inspire as much as they entertain.

그날의 깨달음이 있은 후,
내 사명은 가능한 한
재미있으면서도
용기와 영감까지 불어넣는
쇼를 만들어가는 게 됐죠.

오프라 윈프리

비약적인 발전은 혼란스러움의 이면에서 당신이 필사적이고 강렬하게 원하던 무언가를 발견했을 때 일어납니다. 그러니 내가 과제를 하나 내드릴게요. 당신의 혼란스러움 뒤에 무엇이 있는지 스스로에게 질문하는 겁니다. 그것을 포용할 준비가 되어 있나요? 사실 정리하는 기술은 생각보다 간단하거든요. 약속하건대, 그 혼잡함 뒤에서 당신의 꿈을 충족시킬 공간과 시간을 발견하게 될 겁니다.

Breakthroughs occur when you suddenly see something on the other side of the clutter that you desperately, vividly want. So let me give you an assignment. Ask yourself what is on the other side of your clutter? Are you ready to embrace it? Because the skills it takes to get organized are simple. Beyond that clutter, I promise you'll find the space and the time to fulfill your dreams.

줄리 모건스턴, 조직 관리 전문가

아하! 알았어요. 운동이 노화 과정을 늦춰주고 우리를 더 생기 있게 만들어준대요. 아하! 아하! 아하!

Aha! I got it. Working out slows the aging process and makes you more vital. Aha! Aha! Aha!

오프라 윈프리

나는 다른 사람이 왜 불편해하는지 그 정확한 이유도 모른 채, 그저 오랫동안 그들을 편안하게 해주려고 애쓰면서 삶을 소비해왔어요. 지금은 누가 나를 좋아하지 않아도 별로 신경 쓰지 않아요. 포기한 거죠. 이게 바로 내 본모습이에요.

I've spent a lot of my life trying to make people comfortable, even though I'm not exactly sure why they aren't……. I don't work anymore at trying to make sure others like me. I've given up on that. This is who I am.

마리아 슈라이버Maria Shriver
전직 캘리포니아 주지사 아놀드 슈워제네거의 부인

내가 뭘 잘 모르는 사람이라면, 분명 나 자신이 날씬하다고 말했을 거예요. 하지만 너무 잘 알아요. 그러니 날씬하지 않은 게 사실이라는 거죠. 그런데 내가 새로운 진실을 하나 발견했거든요. 멋져 보이려면 반드시 날씬할 필요는 없다는 거예요.

If I didn't know better, I'd say I was thin. I do, however, know better—the fact is, I'm not thin. But here's my newfound reality: you don't have to be thin to look great.

리사 코간, 작가

나이 들어갈수록 좀 더 친절해져야 한다는 생각을 많이 하게 돼요. 그래서 점점 인터뷰 기술이 형편없어지나 봐요. 때로 우리는 힘든 질문을 해야 할 때가 있거든요. 그런데 예전처럼 건방지게 굴 수가 없어요. 상처가 될 거라는 사실을 잘 알거든요. 내가 점점 친절해지고 있나 봐요.

The older I get, the more I think you must be kind. That's why I'll probably be less and less of a good interviewer. Sometimes you have to ask the tough questions. I can't be quite as brash as I used to be. I know it hurts. I've become a kinder person.

바버라 월터스Barbara Walters 텔레비전 언론인

나는 완벽할 필요가 없어요. 그저 삶 속에 얼굴을 들이민 채 어수선하고 불완전하지만 아름다운 여정을 즐기면 되는 거예요. 삶이란 우리가 상상하는 것보다 훨씬 아름다운 여행이랍니다.

I don't have to be perfect. All I have to do is show up and enjoy the messy, imperfect, and beautiful journey of my life. It's a trip more wonderful than I could have imagined.

케리 워싱턴Kerry Washington 배우

나는 명사들을 만나면 기가 죽곤 했어요. 처음 방송 일을 했을 때가 기억나는데, 스물네 살쯤이었죠. 당시에는 별로 유명하지 않던 로빈 윌리엄스와 친분을 맺을 시간으로 딱 5분이 주어졌는데, 당시 로빈은 지금보다 좀 천방지축이어서 여기저기 돌아다니고 정신이 없었죠. 도대체 뭘 어떻게 해야 할지 몰랐지만, 그래도 평범한 대화를 나눌 가능성은 거의 없다는 사실 정도는 직감적으로 느꼈어요. 그래서 깊이 심호흡을 하고 그의 활기찬 에너지의 흐름에 나 자신을 맡겨두기로 했어요. 그건 지금도 절대 잊지 않는 교훈이에요. 흐름을 찾아서 몸을 맡겨라.

I used to be intimidated by celebrities. I remember early in my career, when I was about twenty-four……. I had five minutes, tops, to establish a connection with the then unknown [actor] Robin Williams. Robin, who may have been wilder than he is today, was all over the place……. I didn't know what to do, but knew instinctively that a normal conversation was not going to happen……. So I took a deep breath and allowed myself to be carried by the flow of his excited energy. It's a lesson I never forgot: Find the flow and follow it.

오프라 윈프리

과거 나는 일에 금전적인 가치를 둔다는 생각 자체를 부담스러워했죠. 처음 회사를 설립했을 때는 내가 제공한 서비스에 가격을 매기는 일이 너무 힘들어서 사람들에게 내 서비스가 도움이 되었다고 생각하는 만큼 지불해달라고 얘기하기도 했어요. 그런데 놀랍게도 사람들은 내가 꿈도 꾸지 못할 만큼 큰 액수를 지불하는 거예요. 그게 내 눈을 뜨게 한 계기가 됐죠. 만약 다른 사람들이 내가 생각하는 것보다 더 크게 내 가치를 평가한다면, 나야말로 심각한 태도 조정이 필요하지 않겠어요.

I used to struggle to put a monetary value on my work……. When I started my own firm, I found it so tough to bill for my services that I asked people to pay me what they thought my work was worth. To my amazement, people paid me more than I would ever have dreamed of billing them. It was an eye-opener. If others valued me more than I valued myself, I knew I needed a serious attitude adjustment.

수지 오먼, 금융 전문가

나는 두려움이 느껴질 때면 스스로에게 무슨 일이 있어도 삶을 사랑하라고 상기시켜요. 또 언젠가는 죽게 된다는 사실을 잊지 말고 지금 보고 느끼는 것의 소중함에 마음을 여는 데 삶을 사용하라고 말하죠. 지금도 나는 여전히 두려워할지 모르지만, 그 두려움이 자꾸 미루려는 내 성향의 대치점이 되도록 하겠다고 결심했어요. 만약 내가 누군가에게 사과해야 한다거나 사랑한다고 말해야 한다면, 혹은 차이를 만들고자 한다면, 절대 미루지 말고 즉시 해내야 하는 거니까요.

I remind myself, while feeling afraid, to love life anyway, to retain the certain knowledge that I will die someday and use that to open to the preciousness of what I see and feel right in front of me. Now I might feel afraid but am determined to have that fear serve as a counterpoint to my tendency to procrastinate—if I have to apologize, tell someone 'I love you,' try to make a difference, I need to do it without delay.

샤론 살즈버그, 명상법 강사

남을 기쁘게 하려던 내 의도는 매우 논리적인 결과를 만들어내더군요. 기쁨을 얻은 사람들이 종종 다시 찾아와서 더 큰 기쁨을 달라고 요구하더라고요! 그래서 그와는 다른 결과를 만들어내기 위해 내 모든 의도를 확실히 자각하기로 마음먹었죠. 그건 진심에서 우러나오는 일만 하겠다는 것을 의미하고, 다른 사람을 기쁘게 함으로써 나 자신도 기뻐지는 일만 하겠다는 의미이기도 해요.

My intention to please was creating a logical effect. Others were so pleased that they'd often come back and ask me to do more! So I decided to become aware of my every intention in order to create a different outcome. That meant doing only those things that came from the truth of who I am — and only doing that which pleased me to do for others.

오프라 윈프리

나는 우리가 성인이 되면 실제로 성장 자체를 멈춘다고 생각했어요. 얼마나 바보 같은 생각이에요.

I used to think that when you grew up, you actually stopped growing. How wrong I was.

케이티 쿠릭Katie Couric 텔레비전 언론인

딸아이 말리아가 태어난 후, 나는 운동을 가장 우선시 하기 시작했어요. 행복이란 내가 스스로를 어떻게 느끼느냐에 달려 있다는 사실을 깨달았거든요. 나는 스스로를 제대로 돌볼 줄 아는 엄마로 딸들이 나를 바라봐주길 원해요. 그러기 위해선 내가 운동을 할 수 있게끔 아침 네 시 반에 일어나야 한다는 것을 의미하기는 하지만요.

After I had [my daughter] Malia, I began to prioritize exercise because I realized that my happiness is tied to how I feel about myself. I want my girls to see a mother who takes care of herself, even if that means I have to get up at four thirty so I can do a workout.

미셸 오바마, 미국 대통령 오바마 영부인

나 개인적으로도 자신감을 갖지 못하면서 어떻게 다른 사람의 마음에 자신감을 불어넣을 수 있겠어요.

I can't inspire self-confidence in others if I personally haven't achieved it.

서맨사 던Samantha Dunn 작가

우리는 더 나아지지 않아도 될 자유가 있어요. 나는 딸아이가 처음으로 깔깔대며 웃는 소리를 들은 순간보다 더 나은 하루나 더 마법 같은 순간을 누리고 싶은 마음이 전혀 없어요. 내일도 그보다 더 나은 하루가 되지는 않을 거예요. 그러니 뭐하러 더 나아지려 자꾸 투자를 하겠어요? 만약 신이 지금 당장 내게 말을 걸어와 지금 이 순간보다 더 고무적인 순간은 절대 누리지 못할 거라고 선언한다 해도 난 걱정 안 해요. 문제는 지금 내가 가진 것을 얼마나 기꺼이 만끽하는가에 달렸으니까요.

We're liberated from being better. I'm not going to have a better day, a more magical moment, than the first time I heard my daughter giggle. Tomorrow's not going to be better than that. So why invest in better? If God spoke to me right now and told me that I would never have greater stimuli than I have right now, that wouldn't worry me. It's all about how you celebrate the stimuli you have.

손 펜Sean Penn 배우

우선 나는 미래의 아내에게 데이트하자는 말을 어떻게 할지 생각해야 했어요. 사실 가장 먼저 한 일은 누군가에게 멜라니아라는 정말 예쁜, 그녀의 이름이 뭔지 물어보는 거였죠. 도대체 어떻게 직접 접근을 해야 할지 몰랐거든요. 절대로 수줍음 같은 건 타지 않을 것 같은 내 명성에 비추어본다면 그때의 반응이 믿기 어려울지도 모르지만, 당시는 정말 내게 있어 거의 깨달음의 순간이었어요. 아무리 오랜 인생을 살아온 사람이라도, 삶에서 일어나는 예기치 못한 일을 마주할 때면, 여전히 놀라움을 금치 못한다는 사실을 깨달았죠. 살다 보면 세상에 존재하지 않는다고 믿었던 것을 발견하기도 하는걸요.

First, I had to figure out how to ask [my future wife] out on a date. Actually, first I had to ask someone what her name was—Melania, a beautiful name—because I wasn't sure how to approach her myself. Considering my reputation for being anything but shy, my reaction might sound hard to believe, but it was a real aha moment for me: I realized that even after you've done a lot of living, you can still be amazed by what can turn up in life—that it's possible to discover things you hadn't thought existed.

도널드 트럼프Donald Trump 기업가

관계에 관해 내가 눈을 번쩍 뜨게 된 순간은 처음으로 결혼 상담 치료사인 하빌 헨드릭스와 이야기를 나누었을 때였어요. 그가 내게 성충 이론이라는 것을 소개해주더군요. 본질적으로 우리가 배우자를 끌어당기는 것은 우연이 아니라는 거예요. 그 사람은 상대가 과거의 상처에서 치유되는 과정을 돕기 위해 그 자리에 있는 거랍니다. 그날의 쇼가 나를 변화시켰어요. 나는 관계라는 것이 사회가 장려하는 낭만적인 추구의 한 종류라고 생각하지만은 않아요. 오히려 자기 자신과 세상을 바라보는 방식을 바꿀 수 있게 해주는 정신적인 파트너십으로 보죠.

My big light bulb moment on relationships came the first time I talked with marriage therapist Harville Hendrix. He introduced me to the imago theory — in essence, he says it's not a coincidence that you've attracted your partner; that person is there to help you do the work of recovering from old wounds. That show changed me. I saw relationships not solely as the kind of romantic pursuit our society celebrates but as a spiritual partnership that's meant to change how you see yourself and the world.

오프라 윈프리

대부분의 경우 내가 해놓은 것을 돌이켜보면 이런 생각이 들더라고요. '이거 내가 한 거 맞아?' 그리고 나 자신에게 뭐라고 말하는지 아세요? 왜 좀 더 즐기면서 하지 못했을까? 그러기에는 너무 바빴나? 요즘 내가 더 늦기 전에 하려고 애쓰는 일은 바로 장미 향기를 맡아보는 거예요. 알아요, 진부한 말이라는 거. 하지만 정말 그걸 즐기고 싶거든요. 요즘은 자명종을 어디다 치워버렸으면 좋겠어요. 나도 이젠 할 만큼 했으니까요. 결국 시간이 문제잖아요.

Most of the time when I look back on what I've done, I think, 'Did I do that?' And you know what I say to myself? Why didn't I enjoy it more? Was I working too hard to see it? ……What I'm trying to do now, before it's too late, is to finally smell the roses. I know it's a cliche, but I want to enjoy it. I want to get rid of the alarm clock every day. I've done enough. Time is what it's all about.

바버라 월터스, 텔레비전 언론인

나는 단호한 결론에 쉽게 도달하려고 매우 애를 씁니다. 근래 들어서는 대부분의 상황에 85퍼센트 정도만 만족하려고 노력해요. 그것이 나를 제정신으로 살게 해준다고 믿거든요. 또 인간으로 살게 해준다고 믿죠. 사실 그 점에 관해서도 85퍼센트만 확신하고 있기는 해요.

I try very hard to go easy on the firm conclusions. These days I settle for feeling only 85 percent sure about most things, most of the time. I believe that is keeping me sane, and I also believe that it's keeping me human. In fact, I'm 85 percent sure of it.

엘리자베스 길버트Elizabeth Gilbert 저술가 나는 지금껏 수년 동안 그래온 것처럼 집에 가서 문을 닫아거는 짓은 더 이상 하지 않겠다고 결심했어요. 내 삶은 예기치 않은 새로운 국면으로 접어들었죠. 그동안 나는 친구 사귀는 일은 할 만큼 했다고 생각했어요. 그런데 놀랍게도 친구들과 어울려 웃고 고민을 털어놓고, 또 단지 어떤 모임의 일원이 되어 그들과 연결되고 서로 안아주는 일을 지금도 간절히 원하고 있음을 알게 됐죠. 그게 삶에 새로운 의미를 더해주고 있는 거예요. 지금까지 놓치고 있었다는 사실조차도 깨닫지 못한 공동체의 느낌 말이에요.

I made a conscious decision not to move into my house and close the gate as I have for so many years……. My life has a new, unexpected layer. I thought I was through making friends. But much to my surprise, I've found myself looking forward to hanging out, laughing, talking serious, and just connecting and embracing one another as part of the circle. It's added new meaning, a feeling of community I didn't even know I was missing.

오프라 윈프리

내가 디자이너 발렌티노의 가운을 처음으로 입어볼 기회, 다시 말해 내 지갑과 몸이 모든 준비를 마쳤던 시기는 1994년이었어요. 그때보다 더 나 자신이 더 아름답다고 느낀 적이 없었죠. 당시 나는 그 옷과 그 옷을 입고 있는 내가 얼마나 사랑스러운지 친구 게일에게 이렇게 말했어요. "만약 내가 가까운 미래에 죽는다면, 제발 이 옷을 입혀서 묻어줘." 발렌티노는 옷이란 살아 있는 느낌을 갖게 해줘야 한다고 말해요. 나와 함께 살고, 나와 함께 움직여야 한다고요. 그게 바로 우아함의 열쇠라는 거예요. 아름다운 옷은 단지 입는 것이 아니라, 그 옷을 입음으로써 살아 있다는 느낌을 품게끔 만드는 거랍니다.

The first chance I got to wear one of [the designer] Valentino's gowns — meaning my pocketbook and my body were ready — was in 1994. I'd never felt more beautiful. I loved the dress and me in the dress so much that I told my friend Gayle, 'If I die in the near future, please have me buried in this.' ······Valentino says your clothes should make you feel alive. They have to live with you and move with you. That's the key to elegance: not just wearing beautiful things, but making what you're wearing come alive.

오프라 윈프리

아이들이 집을 떠났을 때, 나는 거대하고 텅 빈 검은 구멍 속에 빠진 느낌이었어요. 아이들이 성장해갈수록 우리는 직업적으로 성장이 둔화되잖아요. 다시 말해 우리의 관심을 가장 크게 사로잡고 있던 것이 떠나버리는 거죠. 결국 남아도는 시간과 공간 속에 홀로 남겨져요. 그러니 자신이 누구이고 삶이란 무엇인가 다시 생각해볼 필요가 있어요. 사진 찍는 일은 내 시간을 채워주는 축복이라고 할 수 있죠. 만약 내가 다시 시작해야 한다면 사진을 직업으로 택할 거예요. 물론 연기만 제외하고 봤을 때요.

When [my children] left home, I fell into a huge, empty, black hole. Your children are grown and your career has slowed down — all the stuff that took up so much attention is gone, and you're left with expansive time and space. You have to reimagine who are you and what life is all about. Photography was a blessing because it filled my time. If I had to start over, I'd pursue photography — probably to the exclusion of acting.

제시카 랭Jessica Lange 배우

한 여성이 내게 물었어요. '당신 삶에서 불이 확 켜지는 듯한 깨달음의 순간은 언제였나요?' 생각해보니 내 사고가 삶 전체를 통제한다는 사실을 이해하게 된 그 순간이더라고요. 삶이 내게 어떤 패를 쥐여주든, 그것에 반응하는 것은 바로 내 선택이니까요. 만약 더욱 뜻깊은 삶을 살길 바란다면, 우리는 사고방식을 바꾸어야만 해요.

A woman asked me, 'What was the aha light bulb moment in your life?' I realized it was when I figured out that my thoughts control my whole life — that no matter what hand life deals me, I can always choose my response to it……. If you want your life to be more rewarding, you have to change the way you think.

오프라 윈프리

시카고에 있는 노스웨스턴 메모리얼 병원에서 근무할 때, 나는 세컨드시티라는 극단에서 즉흥극 수업을 들었어요. 병원에서 계속 일하면서 밤에는 연극을 했죠. 어느 날 밤 루디라는 환자가 내게 이런 말을 하더라고요. "캘리포니아에 가서 오디션을 한 번 받아보지 그래요?" 난 이렇게 대답했어요. "오, 난 그런 거 못요. 망신만 당할걸요. 떨어질 거예요." 그러자 루디가 말했어요. "나는 지금 삶의 마지막에 와 있어요. 겨우 몇 주밖에 남지 않았죠. 그런데 지금 가장 크게 후회하는 건 바로 실패를 두려워한 거예요. 내가 죽고 나면 캘리포니아로 가서 여러 번 실패하겠다고 약속해줘요." 우리는 그 약속을 하며 악수를 했죠.

When I was at Northwestern Memorial Hospital in Chicago, I began taking improv classes at a theater called Second City······. I kept my job at the hospital and did shows at night. One night a patient named Rudy told me, 'You should go out to California and audition for stuff.' I said, 'Oh, I'd never do that. I'd be humiliated. I'd fail.' Rudy said, 'I'm at the end of my life. I only have a few weeks to live, and my biggest regret is that I feared failure. Promise me that when I'm gone, you'll go and fail many times in California.' We shook hands on it.

보니 헌트, 배우

나는 열린 마음으로 모든 것에 접근하고 싶어요. 그래야 가능한 한 많이 듣고 배울 수 있을 테고, 심지어 깨달음의 순간까지 얻을지도 모르니까요. 내가 정말 크게 깨달은 것이 하나 있어요. 그건 바로 사람들이 내게 귀를 기울이고, 나를 필요로 하고, 나를 중요하게 생각해 주길 바라는 열망은 어느 누구의 마음속에나 강렬하게 자리하고 있기 때문에, 우리는 어떠한 형태로든 그 확신을 얻으려 애쓴다는 거예요.

I like to approach each subject with an open mind so I can listen and learn as much as possible and maybe even come away with an aha. I had a big one: The yearning to feel heard, needed, and important is so strong in all of us that we seek that validation in whatever form we can get it.

오프라 윈프리

돈을 대하는 느낌이나 그것을 다루는 방식에 강한 영향을 미칠 수 없다면, 우리는 자기 자신의 삶에도 영향을 미칠 수 없습니다.

You won't be powerful in life until you are powerful over your money—how you feel about it, and how you treat it.

수지 오먼, 금융 전문가

어느 날 우리는 맛있는 음식이 잔뜩 쌓여 있는 레크리에이션센터에 몰래 숨어들어 갔어요. 그곳에서 배가 터지게 음식을 먹는 동안 나는 행정실이란 곳을 들여다보았죠. 구석 자리에는 피아노가 한 대 놓여 있더군요. 문을 막 닫고 나오려는데 무언가 내게 이렇게 말하는 것 같았어요. '문 열어봐, 바보야.' 그래서 시키는 대로 했죠. 그리고 어떤 소리가 나는지 들어보려고 피아노로 다가가 건반에 손을 올려놓았어요. 바로 그렇게, 나는 음악을 들었고, 살면서 한 번도 경험하지 못한 감정을 느끼게 된 거예요! 만약 그때 문을 닫았다면, 지금쯤 나는 완전히 다른 인생을 살아가고 있을 겁니다.

One day we broke into a recreation center stocked up with goodies……. While we were in there eating as much as we could, I broke into an administrative room that had a piano in the corner. I almost closed the door, but something told me, Open that door, fool. And I did. I walked over and just put my finger over one piano key to see what sound it would make……. Just like that, I heard music and felt a feeling I had never had in my life! ……If I had closed that door, I might have had a whole 'nother life.

퀸시 존스Quincy Jones 뮤지션

나는 늘 다음 단계로 나아가는 일에만 너무 집중해서, 서 있는 곳의 경치는 전혀 즐기지 못했어요. 몇 년이라는 세월이 그저 흐릿하게만 남아 있을 뿐이에요. 나처럼 고속 라인에서 인생을 살아가게 되면, 무조건 속도만 내며 다음 단계로 넘어가면서 점점 더 많은 일을 해치우기 때문에, 지금 내가 무슨 일을 하고 있는지 잠시 생각해볼 여유조차 없이 일정표를 채워나가게 되죠. 나는 오늘 이미 알고 있는 이러한 깨달음에다가 다음과 같은 내용을 추가했어요. 산을 타면서 아무런 즐거움도 느끼지 못한다면 얼마나 많은 봉우리를 정복했는가는 아무런 차이도 만들어내지 못한다.

I've been so focused on getting to the next level, I haven't enjoyed the view from where I am. Years are a blur to me······ because when you live a life in the fast lane, as I have, you end up speeding through, just moving to the next thing, doing more and more, and filling your schedule until there's no time even to think about what you're doing······. With all that I know for sure, today I added this: It makes no difference how many peaks you reach if there was no pleasure in the climb.

오프라 윈프리

언젠가 무척 좋아하는 한 밴드의 자선 공연에 참석한 적이 있었어요. 당시 나는 오한이 나서 심하게 떨고 있었는데, 사람들이 알은체하며 다가와서 꼭 껴안아주고는 내가 너무나도 잘 아는 그런 시선으로 날 바라보더군요. 내 모습에서 두려움의 흔적을 찾고 있던 거예요. 하지만 내게서 그걸 찾을 수 없자, 자신의 모습에서 그 두려움을 보게 된 거죠. 그러자 당황해서 어쩔 줄 몰라 하더라고요. 사람들은 나를 보며 이렇게 생각합니다. '세상에, 나한테도 저런 일이 일어날까?' 그러면 나는 '그럴지도 몰라요. 하지만 그래도 괜찮을 거예요. 그냥 때가 되면 받아들이면 되거든요.'라고 말해주는 심정으로 그들을 바라보죠.

We once went to a benefit where a band we wanted to hear was playing⋯⋯. I was shaking badly and people were coming up to me, hugging me and looking at me with that look I recognize. They're looking for fear in me. When they don't see that, they then see their own fear reflected back at them and they start to freak out⋯⋯. People look at me and think, My God, could that happen to me? And when I look back at them, it's as if I'm saying, 'It might, and maybe you'll be okay. Just get there when you get there.'

마이클 J. 폭스Michael J. Fox
배우, 파킨슨병 연구를 위한 마이클 J. 폭스 재단 창설자

나는 여러 해 동안 체중 조절 때문에 골치를 썩고 있었
어요. 월요일이면 '꼭 해내고 말 테야.'라고 다짐해도,
수요일이면 이내 실패하기를 반복했죠. 그러다가 약속
을 제대로 지켜나간다는 것은 우리가 하루도 빠짐없이
평생 해나가야 하는 선택이라는 사실을 깨달았어요.
'노력해볼게요.' 혹은 '하고는 싶어요.'가 아니라, '결심
했어요.'가 우리의 선택이어야 한다는 거죠. 바로 그 정
서적이고 정신적인 깨달음의 순간에 '찰칵' 하는 소리
가 들려오더군요.

After many years of my weight going up and down
—if saying on Monday 'I'm going to do it' and by
Wednesday failing—I realized that the commitment
to do well is a lifetime of choices that you make daily.
The space to live in is not 'I'll try.' Not 'I want to.' It's
'I have decided.' ······The click came as an emotional
and spiritual awakening.

오프라 윈프리

거짓말하고 속이는 것은 죄악이지만, 따뜻한 초콜릿을
얹은 아이스크림 좀 먹는다고 해서 죄가 되지는 않아요.

Lying and cheating are sins. A hot fudge sundae is not.

티시 더킨, 언론인

내가 누구고, '아니오'라고 말하는 것이 왜 괜찮은지에 관해 확실히 해둘 필요가 있었어요. 다른 사람들이 내 새로운 한계를 인식하게끔 하는 것도 중요했죠. 내가 그 누구보다 먼저 돌보아야 할 사람은 바로 나 자신인데, 스스로를 이기적인 사람이라고 생각해서는 안 되잖아요. 설사 재정적인 도움을 주지 않더라도 친구는 여전히 친구로 남아 있으리라는 사실을 믿는 법도 배워야 했죠. 크리스마스에 집에 가지 못해도 여전히 나는 가족의 일원이라는 사실도 알게 됐고, 내가 의견을 굽히지 않는다고 해도 사랑하는 사람들은 여전히 나를 존중해줄 거라는 사실도 깨닫게 됐어요.

I had to get clear—about who I was and why it was okay to say no. I had to make others aware of my new limits, to resist the feeling that I was selfish because I took care of myself first. I learned to trust that my friends would still be my friends if I couldn't help them out financially. I learned that I would still be part of the family if I didn't go home for Christmas and that my lovers would still respect me when I stood my ground.

세이 영블러드Shay Youngblood 작가

멕시코에서 나는 돈도 많이 벌었고, 배우이면서 유명하기도 했죠. 그건 마치 내가 원하던 것처럼 보였지만, 실은 그렇지 않았어요. 단지 다른 사람들이 내가 원하는 것이라고 생각했을 뿐이지만, 가끔은 그것도 그리 나쁘지 않다는 생각이 들었죠. 하지만 그게 정말 우리의 꿈일까요? 적어도 내 꿈은 아니었어요. 그래서 나는 그만둬야겠다고 생각했어요. 용감하게 결단을 내리고 "그걸 그만둔 사실이 내 약점이 되는 건 아니야."라고 말할 수 있다는 건 정말 신나는 일이더라고요.

[In Mexico], I was making money, I was an actress, and I was famous. It looked like what I wanted, but it was not……. It's what others would think that I'd want, and sometimes that makes you feel it's good enough. But is it your dream? And it wasn't my dream. And so I said that I'm going to leave it……. I was excited about being brave about it and saying, 'What I left didn't grab me by the balls.'

셀마 헤이엑Salma Hayek 배우

당신이 모든 이의 생각을 거스르는 선택을 한다고 해서 세상이 산산조각나는 것은 아닙니다.

If you make a choice that goes against what everyone else thinks, the world doesn't fall apart.

오프라 윈프리

아이들은 말할 것도 없고, 어른들도 가끔은 어이없는 말을 해요. 그게 때로는 좋은 의미에서 하는 말이고, 또 가끔은 가슴을 찢어놓기도 하고, 또 어떨 때는 도대체 그런 말을 왜 하는지 알 수 없을 때도 있어요. 적어도 나는 그런 말을 들으면 사적인 것으로 받아들이지 않으려고 노력해요. 심지어는 정말 인신공격적일 때도 그래요. 몽둥이나 돌은 우리의 뼈를 부러뜨릴지도 모르지만, 말은 절대로 사람을 해칠 수 없거든요. 물론 내가 그러도록 허락하지만 않는다면요.

Forget about kids: grown-ups say the darndest things. Sometimes they mean well, sometimes they mean to lacerate, sometimes they're just clueless. The challenge (at least for me) is not to take any of it personally······ even when it's meant personally. Sticks and stones may break my bones, but words will never hurt me, unless of course I decide to let them.

리사 코간, 작가

이혼을 겪은 후에 나의 개인적인 삶은 엉망이 됐어요. 친구인 듀크 엘링턴이 당시에 콘서트 때문에 내가 사는 지역에 왔다가, 내가 혼자가 됐다는 소식을 들었나 봐요. 그날 현관문을 열었을 때, 나는 생전 처음 보는 장면에 놀라고 말았죠. 합창단이 〈맑은 날 영원히 볼 수 있으리〉를 부르고 있지 뭐예요. 그 후로 여러 해 동안 듀크가 베푼 그날의 친절함이 내 삶 전체를 고양시켰어요. 그날의 사건은 아무리 힘든 일이 있어도 세상에는 나를 아껴주는 사람이 늘 존재한다는 사실을 보여준 거예요. 그러한 깨달음이 내 삶을 변화시켰어요.

I was going through a divorce and my personal life was a mess……. My friend Duke Ellington, who happened to be in town for a concert, had heard I was alone……. I opened the door to find one of the greatest surprises of my life: there was a choir singing 'On a Clear Day You Can See Forever.' ……For years this kindness from Duke lifted up my whole life. It showed me that no matter how bad things seem, there are always people in this world who care about others. That revelation changed my life.

토니 베넷Tony Bennett 가수

새해 첫날 아침에 깨어나 "오늘부터는 반드시 ○○○을 하고 말 테야."라고 말한 후, 한 달쯤 뒤에 그 결심이 제대로 지켜지지 않았다고 스스로를 질책하지 말고 다음 사항을 상기하세요. 당신이 하고 있는 것은 뇌의 배선을 새롭게 바꾸는 것 그 이상도 이하도 아니에요. 새로운 언어나 악기를 배우는 것처럼 변화에 접근해야 해요. 처음 배우는 말을 즉각적으로 유창하게 한다거나 새로 배운 악기로 교향악을 연주할 수는 없잖아요. 계속 집중해서 연습할 필요가 있다는 거죠.

Instead of waking up New Year's morning and saying, 'I'm going to do X now,' then berating yourself a month later when that resolution didn't work, remember: You're doing nothing less than rewiring your brain. Approach change as if you're learning a new language or new instrument. Obviously, you're not going to be fluent or play symphonies instantly; you'll need constant focus and practice.

레베카 스클루트Rebecca Skloot 언론인

이제 난 더는 맹목적으로 허겁지겁 고난을 헤쳐나가려 애쓰지 않아요. 힘든 상황에서 살아남았다는 사실에만 안도하면서 수면 위로 올라오는 법도 없어요. 절망으로 자포자기하는 대신, 그 경험 속에서 교훈을 찾으려고 애쓰죠.

I no longer scramble blindly through hardship. I no longer emerge from a bad time feeling relieved just to have survived. Instead of despairing, I try to find the lesson within the experience.

할리 베리Halle Berry 배우

어쩔 수 없는 상황 때문이든 습관 때문이든, 자신이 무언가를 기다리고 있다는 사실을 알게 되면, 깊은 내면에서 울려오는 소리에 귀를 기울여야 해요. 그러면 기다림이란 필수적이고 소통적이며 생기 있는 것이라는 깨달음과 함께 그 영역 안으로 스며드는 법을 배울 수 있어요.

When we find ourselves waiting, whether through force of circumstance or lingering habit, we should listen deeply······. We can learn to pervade the terrain of waiting with our awareness to make it vital, connected, and fully alive.

샤론 살즈버그, 명상법 강사

만약 당신이 과소비, 흡연, 매듭 공예처럼 무언가 충동적으로 행하는 것을 끊으려 헛되이 애쓰고 있다면, 그 끊으려는 노력 자체를 그만둬보세요.

If you're trying in vain to quit something you do compulsively, like overspending or smoking or macrame, try quitting the effort to quit.

마사 베크, 인생 상담사

나는 늘 삶이 나를 어디로 이끌어가는지 미리 볼 수 있기를 바랐고, 지금은 충분히 그럴 수 있다는 것을 이해하게 됐어요. 내가 말하는 것과 내게 일어나는 일 사이에 직접적인 상관관계가 있음을 알게 됐거든요.

I've always wanted to be able to see where my life would take me, and now I understand that I can, because I know there is a direct connection between what I say and what happens to me.

제니퍼 허드슨Jennifer Hudson 가수

10년 전쯤에, 내가 진행하는 프로그램에서 외도 의심을 받고 있는 한 남성을 쇼에 출연시킨 적이 있어요. 그리고 그날 무대 위에서 수백만 명이 시청하는 가운데 그의 아내는 자신의 남편이 불륜을 저질렀다는 사실을 알게 됐죠. 정말 죽어도 잊지 못할 순간이었어요. 부인의 얼굴에 나타난 그 치욕과 절망의 표정을 바라보면서 그런 상황에 그녀를 끌어들인 나 자신이 너무나도 부끄러웠죠. 그래서 그때 결심했어요. 다시는 다른 사람을 비하하거나 당혹스럽게 하거나 품위를 손상시키는 쇼에는 출연하지 않겠다고요. 그날의 깨달음이 있은 후, 내 사명은 가능한 한 재미있으면서도 용기와 영감까지 불어넣는 쇼를 만들어가는 것이자, 초대 손님이 그들의 존엄성을 지킬 수 있게끔 도와주고 우리 모두가 다양한 방식으로 삶을 바라볼 수 있도록 해주는 텔레비전 프로그램을 만들어가는 게 됐죠.

More than a decade ago, my staff and I booked a husband caught in an adunterous sex scandal, and right there on our stage before millions of viewers, the wife heard that her partner had been nnfaithful. It's a moment i have never forgotten: the humiliation and despair on that woman's face made me ashamed for butting her in that position. right then, I decided I'd never again be part of as how that demeans, embarrasses, or diminishes another human being······. Once the light bulb came on for me that day, my calling became to create shows that encourage and inspire as much as they entertain—television that leaves quests with their dignity and helps us all see our lives in a different way.

오프라 윈프리

일과 휴식

Oprah Winfrey

I've learned that you can't
have everything and do everything
at the same time.

모든 것을 소유하면서도
모든 일을 해낸다는 것은
불가능하다는 사실을
알게 됐어요.

오프라 윈프리

고독은 영혼의 안식일이죠. 다른 사람을 위해 하던 일을 멈추고 자신을 위해 무언가 놀랍고 기쁜 일을 할 수 있는 기회예요. 고독이 찾아오면 우리는 살아 있음을 느끼게 하는 것들을 발견할 수 있어요.

Solitude is the soul's holiday, an opportunity to stop doing for others and to surprise and delight ourselves instead⋯⋯. In solitude, we discover what makes us feel alive.

카트리나 케니슨Katrina Kenison 작가

내면 깊숙한 곳을 바라볼수록, 우리는 스스로의 완벽한 균형을 이해하게 됩니다. 태어나고 살고 죽는 일련의 순환 과정은 전혀 두려워할 것이 아니에요. 행복한 순간에 멈춰 있을 때면 우리는 시간을 초월하거든요.

As we look deeply within, we understand our perfect balance. There is no fear of the cycle of birth, life, and death. For when you stand in the present moment, you are timeless.

로드니 이Rodney Yee 요가 강사

쉬지 못하는 사람은 일할 수도 없습니다. 놓아버리지 못하면 계속 잡고 있지도 못하는 이치와 같죠.

He who cannot rest cannot work; he who cannot let go cannot hold on……

해리 에머슨 포스딕Harry Emerson Fosdick 성직자

전혀 아무것도 하지 않는 게 세상에서 가장 힘든 일입니다. 가장 어려우면서 가장 지적인 일이기도 하죠.

To do nothing at all is the most difficult thing in the world, the most difficult and the most intellectual.

오스카 와일드Oscar Wilde 극작가

내가 확신할 수 있는 사실은 바로 이거예요. 우리는 점점 작아지기 위해서가 아니라, 점점 더 활짝 피어나도록, 번성하도록 그리고 더욱 특별해지도록 만들어졌어요. 그리고 매순간을 스스로를 채우는 데 이용하도록 만들어졌죠.

What I know for sure is this: You are built not to shrink down to less, but to blossom into more. To be more splendid. To be more extraordinary. To use every moment to fill yourself up.

오프라 윈프리

쉬지 않고 달리게끔 만들어진 사람은 없어요. 그러니 쉴 시간과 적절한 관심을 제공하지 않으면 몸은 질병과 탈진이라는 형태로 반란을 꾀하죠. 그렇다면 나는 어떤 식으로 내게 관심을 보이느냐고요? 거의 하루도 빼놓지 않고 가장 친한 친구 게일과 마음을 터놓고 이야기해요. 게일은 우리가 책이니 챕터니 운문이니 하고 부르는 것들에 관해 매우 세세한 부분까지 관심을 보이죠.

None of us is built to run nonstop. That's why, when you don't give yourself the time and care you need, your body rebels in the form of sickness and exhau-stion. How do I give back to myself? Hardly a day goes by that I don't talk things out with my best friend, Gayle, who is usually interested in every detail—we call it book, chapter, and verse.

오프라 윈프리

나는 대부분의 자기 계발 강사들이 여성들에게 추천하는 종류의 균형감을 성취하는 것은 전적으로 불가능하다고 확신해요. 그렇다면 내가 하고 싶은 말이 뭐냐고요? 균형 같은 거, 개나 줘버리라는 거죠. 사회가 정의하는 이런저런 여성상 사이에서 조화로운 균형을 유지하려 노력하는 것은, 마치 두 명의 철천지원수를 한 방에 가둬놓고 그들 사이의 긴장을 해결해보겠다고 애쓰는 것과 같아요.

I can tell you with absolute assurance that it is impossible for women to achieve the kind of balance recommended by many well-meaning self-help counselors……. My conclusion? Balance schmalance. Trying to establish a harmonious equilibrium between our society's definitions of What a Woman Should Be is like trying to resolve the tensions between two hostile enemies by locking them in a room together.

마사 베크, 인생 상담사

그다지 하고 싶지 않은 일을 부탁받았을 때 "아니오"라고 대답하는 것은, 무언가 다른 일에 "좋아요"라고 대답하는 것과 같다는 걸 기억하세요. 그게 거품목욕이나, 좋은 책을 읽을 여유, 혹은 아이들과 놀아줄 수 있는 황금 같은 시간일지도 모르죠. "아니오"라고 말하는 것은 우리가 꿈을 좇을 수 있게끔 자유를 줍니다. 수업을 들어 잠재력을 계발할 수도 있고, 굳게 믿는 대의를 위해 무언가를 할 수도 있겠죠. 진정으로 관심을 두는 일에 더 많은 시간을 할애할수록, 인생은 더 만족스럽게 변해갈 거예요.

Every time you say no to a less-than-appealing request, you say yes to something else. Maybe it's one golden hour to take a bubble bath, read a good book, or play with your kids. Saying no frees you to pursue a dream —to take a class and develop your potential, or to work for a cause you believe in. The more time you can give to the things you truly care about, the more satisfying your life will feel.

코니 해치Connie Hatch 작가

삶에 후퇴란 있을 수 없어요. 어쨌든 살아가야 하잖아요. 하지만 덫에 걸린 듯한 느낌이 들면 언제든 벗어날 수 있습니다. 깊이 심호흡하고 주위를 둘러보세요. 그러면 '나한테 무슨 일이 일어나고 있는 거야!'라는 생각이 '무슨 일이 일어나고 있나 보자!'가 될 수 있죠. 그럼, 무슨 일이 일어나고 있느냐고요? 삶의 놀라운 드라마가 펼쳐지고 있죠. 게다가 우리가 그 주인공이잖아요! 다음에는 무슨 일이 일어날 것 같으냐고요? 누가 알겠어요? 우린 우리의 육체를 느낄 수 있고, 살아 있고, 숨 쉴 수 있으며, 우리를 현재와 이어주는 모든 감각을 이용할 수도 있잖아요. 그리고 그 연결의 순간은 자유의 순간이에요. 마음을 위한 휴양지라고 할 수 있죠.

We can't take a recess from life—it keeps going on. But we can take recesses from feeling trapped anytime. If you take a deep breath and look around, 'Look what's happening to me!' can become 'Look what's happening!' And what's happening? The incredible drama of life is happening. And we're in it! What's going to happen? Who knows? You can feel your body, alive, breathing, and use all your senses to connect you to the present moment. Moments of connection are free moments—Tahitis of the mind.

실비아 부어스틴Sylvia Boorstein 심리학자

내 일이 아닌 것을 다른 사람에게 위임하는 것과 "싫어요"라고 말할 수 있는 힘을 기르는 것은 가장 힘들면서도 정서적으로 복잡한 시간 관리 기술 가운데 두 가지라 할 수 있어요. 죄책감, 완벽주의, 다른 사람에게 부담을 준다는 두려움 등으로 우리는 자신의 짐을 다른 사람과 나누기를 꺼려해요. 그렇지만 우리가 자신에게 허용된, 측정 가능한 시간의 진정한 한계를 보게 되면 이 두 가지 기술을 한꺼번에 보듬어 안으려는 양가적 감정이 사라지게 됩니다.

Learning to delegate and finding the strength to say no are two of the hardest and most emotionally complex time management skills. Guilt, perfectionism, and the fear of imposing on other people keep us from sharing the burden. Yet when we can actually see the real and measurable limits of our time, ambivalence about embracing these two skills disappears.

줄리 모건스턴, 조직 관리 전문가

사람들이 내게 와서 '나도 정말 당신 같은 사람이 되고 싶어요. 내가 인생을 살면서 하고 싶은 유일한 일이 노래거든요.'라고 말할 때마다 난 이렇게 말해줘요. "제발 일이 당신의 삶이 되게는 하지 마세요." 일이란 우리의 열정이자 기쁨을 가져다 줄 수 있는 것이어야지, 정체성이 되어서는 안 되거든요. 우리는 그보다는 훨씬 가치 있는 사람이잖아요.

When people come to me and say, 'I want to be just like you; the only thing I want in life is to sing,' I tell them this: 'Please don't make your career your life.' Let it be your passion, let it bring pleasure, but don't let it become your identity. You are so much more valuable than that.

셀린 디온Celine Dion 가수

자기 관리라는 게 다른 누구도 아닌 자기 자신이 시작하고 끝내야 하는 것임을 마침내 깨달으면 우리는 더 이상 다른 사람에게서 지지와 행복을 구하지 않게 되죠.

When we finally learn that self-care begins and ends with ourselves, we no longer demand sustenance and happiness from others.

제니퍼 로덴Jennifer Louden 작가

광포하고 소란한 삶의 여러 껍질을 벗겨나간다면 우리
는 고요함을 만나게 될 거예요. 그 고요함이 바로 우리
자신이죠.

If you peel back the layers of your life—the frenzy,
the noise—stillness is waiting. That stillness is you.

오프라 윈프리

우리에게는 아침 신문에 무슨 기사가 떴는지 전혀 알
수 없는, 공간이나 시간 혹은 하루 정도의 여유가 반드
시 있어야 해요. 그곳에서 내가 누구이고, 앞으로 어떤
모습으로 변해갈지 경험하거나 제시할 수 있어야 하죠.

You must have a room, or a certain hour or so a day,
where you don't know what was in the newspapers that
morning……a place where you can simply experience
and bring forth what you are and what you might be.

조지프 캠벨, 신화학자

나는 좋아하는 직업을 가지고 있으면서도 늘 '언제 집에 가지?'라는 생각을 해요. 한편으로는 좋은 현상이죠. 안 그랬다가는 절대 집에 가지 않을 테니까요. 보나마나 죽을 때까지 쉬지도 않고 이 쇼를 하고 있을 거예요.

I have this job that I love, but I'm also like, when can I go home? In a way, that's good, because otherwise, I'd never go home. I would just kill myself doing this show.

티나 페이Tina Fey 코미디언

자신의 삶에 만족하지 못하는 사람은 하나같이 깊은 심호흡이라는 걸 하지 않아요. 잠도 잘 못 자고, 먹는 것도 대충 먹고, 몸은 잔뜩 긴장한 채로 다니죠. 만약 당신이 과체중이거나 끊임없는 스트레스에 시달린다면, 그건 몸이 당신에게 무언가를 말하고 있다는 증거예요. 이제 그걸 들어줄 시간이 된 거죠.

People who are unhappy in their lives rarely take a deep breath. They don't sleep well, don't eat right, and carry tensions in their bodies. If you're overweight or feeling burdened by endless stress, your body is telling you something. It's time to start listening.

필 맥그로, 심리학자

원기를 회복하기 위해서는 자신의 중심으로 돌아가야
한다는 지혜, 즉 균형의 지혜를 깨닫기 전까지 나는 여
러 번 탈진을 경험해야 했어요. 지금은 매주 일요일마
다 모든 일정과 머릿속을 깨끗이 비워버림으로써 나 자
신을 다시 그러모으는 기회로 삼고 있죠. 만약 우리가
배터리를 충전하는 일을 소홀히 한다면 곧 전원이 나
가버리고 말잖아요. 또 물도 마시지 않고 무조건 초고
속으로 전진만 한다면 가속을 전혀 붙일 수 없게 되죠.

I had to hit burnout more than once before I understood
the wisdom of balance—of coming back to my center
for rejuvenation. For me, that now comes once a week
on Sundays, when I clear both my schedule and my head
to regather myself. If you neglect to charge a battery,
it dies. And if you run fullspeed ahead without stopping
for water, you lose momentum to finish the race.

오프라 윈프리

인생이 우리에게 너무 많은 것을 요구할 때, 예컨대 성인으로서의 책임감뿐 아니라 영원한 청년기의 스피드와 유연성까지 원할 때면, 독서야말로 반드시 필요한 피난처가 될 거예요. 우린 결함투성이에 죽을 운명까지 타고났고, 평범한 하루는 설거지와 신발끈 매기 같은 일들로 점철되어 있지만, 독서는 그 현실을 단지 참을 만한 것이 아닌 열렬히 받아들일 무언가로 바꾸어줄 겁니다.

When life demands so much of us—not just the responsibilities of adulthood but the speed and resilience of eternal adolescence—reading may be a necessary escape. It may be what makes the practical day, with its dishwashing and shoe tying, its clock ticking out our deficiencies and our mortality, not just bearable but embraceable.

패멀라 에렌스Pamela Erens 저술가

우리가 시도하는 모든 도전은 삶을 뒤흔드는 힘이 있어요. 바닥에 무릎 꿇도록 만들 수도 있죠. 하지만 그러한 충격보다 더 당황스러운 것은 그것을 견뎌내지 못할지도 모른다는 두려움이에요. 발밑의 세상이 흔들리는 것 같은 느낌이 들면 우리는 겁에 질려 어쩔 줄 모르죠. 하지만 그 흔들림을 이겨내는 유일한 방법은 서 있는 자세를 바꾸는 것뿐이라고 나는 확신해요.

Every challenge we take on has the power to shake us —to knock us to our knees. And yet what's even more disconcerting than the jolt itself is our fear that we won't withstand it. When we feel the ground beneath us shifting, we panic……. What I know for sure is that the only way to endure the quake is to shift your stance.

오프라 윈프리

어떤 상황에 직면했을 때, 균형을 유지할 가장 큰 희망은 바로 우리 내부에 놓여 있다는 사실을 잊어서는 안 됩니다.

We can be sure that the greatest hope for maintaining equilibrium in the face of any situation rests within ourselves.

프란시스 J. 브레이스랜드Francis J. Braceland 정신과의사

달리는 데 필요한 건 운동화뿐이에요. 기분이 좋아지면 더 나은 행동을 하게 되고 외모도 근사해질 뿐 아니라 음식도 잘 먹게 되죠. 나는 늘 '일 킬로미터만 더 뛰자. 다음 모퉁이까지 조금만 더 달리자.'라고 말하는 사람 이죠. 운동만 하면 기분이 좋아져요. 운동이 내가 모든 것을 하게 해주는 원동력이고, 힘의 근원이며, 자신감 의 원천이거든요.

All you need are sneakers. When you feel better, you act better, you have a better outlook, and you eat better. I'm the one who says, 'Just one more mile. Let's just go around the next corner.' I love the way it feels. It's exercise that lets me do everything else—that's where I get my strength from, knowing I can do it.

조 셍크Jo Shenk 마라톤 선수, 이중 유방절제술 조언가 내가 엄청난 인내력을 보일 수 있는 가장 큰 이유는 좋아하는 일을 하고 있기 때문이에요. 다른 사람 비위 맞추는 일은 그만뒀어요. 언젠가 다른 사람이 부탁하는 일을 해준 적이 있는데, 어찌나 힘든지 완전히 녹초가 되었어요. 왜 그런지 아세요? 그 취지가 잘못됐기 때문이에요.

The biggest reason I have so much endurance is because I do what I want to do. I stopped trying to please other people. The other day I did something because someone else wanted me to and I was exhausted. Why? Because the intention was wrong.

오프라 윈프리

예술가는 무언가를 창조해내려면 혼자 있어야 한다는 사실을 알아요. 저술가는 생각을 하기 위해, 음악가는 작곡을 하기 위해, 성자는 기도하기 위해 그렇죠. 하지만 여성은 진정한 자기 자신의 정수를 다시 찾기 위해 고독의 시간이 필요해요.

The artist knows he must be alone to create; the writer, to work out his thoughts; the musician, to compose; the saint, to pray. But women need solitude in order to find again the true essence of themselves.

앤 모로 린드버그, 항공 분야 개척자이자 작가

나는 모든 것을 소유하면서도 모든 일을 해낸다는 것
은 불가능하다는 사실을 알게 됐어요. 그래서 우리 모
두가 삶에서 가장 중요한 것이 무엇인지 깨달았으면
좋겠고, 또 그것을 얻기에는 지상에서의 삶이 너무 짧
다는 사실도 알았으면 해요. 그래야 내가 가진 가장 소
중한 자원을 어떻게 사용할지 결정할 수 있죠.

I've learned that you can't have everything and do
everything at the same time. I hope you'll tell yourself
the truth about what matters most to you, know that
your hours in this life are limited for attaining it—
then decide how you'll use your most precious
resource.

오프라 윈프리

Oprah Winfrey

생각과
믿음

Spirituality for me is
recognizing that i am connected to
the energy of all creation.

나에게 영적인 삶이란
모든 창조의 에너지와
내가 연결돼 있다는 사실을
깨닫는 거예요.

오프라 윈프리

종교religion라는 단어는 '함께 묶다religare'라는 의미의
라틴어에서 파생됐어요. 영적인 탐구를 해나가는 동안,
우리는 살면서 마주치는 모든 교리와 그것을 실행에 옮
겼을 때 나타나는 장기적인 효과를 관찰해봐야 하죠.
만약 그것이 부서지거나 산산조각나고 파괴된다면 그
건 종교가 아니라 절대론에 지나지 않아요. 그 약물을
들이마신다면 죽게 될 겁니다. 너무도 당연한 말이겠지
만, 진정한 종교란 모든 것을 다시 온전하게 만들고, 치
유할 수 있어야 해요.

The word religion derives from the Latin word *religare*,
which means 'to bind together'······. As you go along
your spiritual search, observe the long-term effect of
every doctrine and practice that comes your way. If it
breaks, shatters, or destroys, it's not religion—it's
absolutism. That drug'll kill you. Real religion, by
definition, makes things whole again. It heals.

마사 베크, 인생 상담사

우리가 위험을 감수하면서까지 지키려 하는 것이 바로
우리가 가치 있게 생각하는 것입니다.

What you risk reveals what you value.

재닛 윈터슨 소설가

현재에 충실하다는 것이 과거의 잘못을 교정하거나 미래로의 길을 닦아갈 책임을 포기한다는 의미는 아니에요. 오히려 궁극적으로 그 두 가지를 책임진다는 의미죠. 신의 시간인 영원과 인간의 시간이 만나는 유일한 장소는 바로 현재 이 순간뿐이에요. 그리고 바로 그 힘의 장소에서 과거와 미래가 함께 치유되는 거죠.

Living in the present does not mean surrendering our responsibility to correct some things from the past or to plan and make way for the future; in fact, it is the ultimate taking of responsibility for both. The only point where God's time — eternity — meets time as we know it is in the present moment. And in that place of power, both past and future are healed.

메리앤 윌리엄슨Marianne Williamson 영적 치유 강사

신념은 우리가 불확실한 미래를 정면으로 마주할 수 있게끔 용기를 줍니다.

Faith can give us the courage to face the uncertainties of the future.

마틴 루터 킹 주니어, 민권운동 지도자이자 노벨 평화상 수상자

관습적인 지혜는 신념의 반대말이 의심이라고 가르치죠. 하지만 제대로 적용된 의심, 예컨대 호기심이나 탐구하고자 하는 의지로 나타나는 의심은 신념을 풍요롭게 하고 더 생기 있게 만들어줘요.

Conventional wisdom says the opposite of faith is doubt. But doubt, applied in the right way — as curiosity and a willingness to question — can enrich and enliven our faith.

샤론 살즈버그, 명상법 강사

내 생각이 나 자신인 것은 아니에요. 생각은 실재가 아니거든요. 물에 관해 수도 없이 많은 개념을 나열할 수는 있지만, 그렇다고 갈증이 해소되지는 않잖아요. 생각은 진리가 아닙니다. 생각이 자신에게 그다지 큰 영향을 미치지 못한다는 사실을 깨닫게 되면, 미련 없이 생각을 떨쳐버릴 수 있을 거예요.

Your thoughts are not who you are. They're not reality. You can have all sorts of concepts of water, but they can't quench your thirst. Thoughts are not the truth. If you can recognize that, your thoughts have less power over you; you can let them go.

타라 브락, 심리학자

만약 다음 생애라는 것이 있다면(제발, 제발, 제발요.) 나는
가족의 일부를 떠나고 싶어요. 하지만 나머지 일부와는
함께 가서, 모두 다시 모일 그날을 기다릴 겁니다. 어
떤 면에서 보면 그게 우리가 갈망하는 거잖아요.……
안도감.

If there is an ever after—please, please, please—
would be leaving part of my family, but I can go and
join another part, and wait for that day when we're all
together again. In some ways, it's something you yearn
for…… a relief.

엘리자베스 에드워즈Elizabeth Edwards
변호사, 암치료 생존자이자 전직 정치인 존 에드워즈의 부인

신념이란 단단히 움켜잡고 있어야 할 무엇이 아니라,
성장해가는 상태를 말합니다.

Faith is not something to grasp, it is a state to grow
into.

마하트마 간디, 인도 정치가이자 정신적 지도자

스스로의 영성으로 나아가는 길은 자신의 존재와, 자신이 원하는 것을 확실히 하는 것에서부터 출발하죠. 원하는 물건을 말하는 게 아니에요, 물건을 얻는 건 쉬우니까요. 내 말은 우리가 정말 중요하게 생각하는 걸 의미해요. 삶이란 우리가 무엇을 가질 수 있는가의 문제가 아니라, 무엇을 줄 수 있느냐에 관한 거니까요. 진심으로 어떤 종류의 사람이 되고 싶으세요?

Every day the path to your own spirituality starts with clarifying who you are and what you want. Not just things—things are easy. I mean the stuff that really matters. Life isn't just about what you can have; it's about what you have to give. What kind of person do you really want to be?

오프라 윈프리

우리가 믿는 것은 꿈이나 소망보다 훨씬 큰 힘을 발휘하죠. 사람은 누구든 자신이 믿는 바대로 변해가기 때문이에요.

What you believe has more power than what you dream or wish or hope for. You become what you believe.

오프라 윈프리

나는 보통 나 자신의 사소하면서도 심오한 불행을 이해하기 위해 소설을 쓰고 매번 실패를 거듭하죠. 하지만 실패할 때마다 묘한 만족감을 얻어요. 마치 시도했다는 사실 자체가 가장 중요한 사실이기라도 한 것처럼 말이에요. 그리고 어쩌면 이 세상으로 우리를 구원해주러 오지 않는 신의 존재 때문에 고통받으며, 눈에 보이는 모든 악과 화해하려 애쓰는 그 명백하게 우스꽝스러운 문제에는 그것이 가장 적절한 대답인지도 모르겠어요. 우리는 고통받을지언정 절대 포기하지 않으니까요.

I write fiction mostly to try to make sense of my own petty and profound misery, and I fail every time, but every time, I come away with a peculiar sort of contentment, as if it was just the trying that mattered. And maybe that's the best answer to the patently ridiculous problem of trying to reconcile all the very visible evil and suffering in the world with the existence of a God who is not actually out to get us: we suffer and we don't give up.

크리스 에이드리언Chris Adrian 의사이자 작가

의도란 의지 혹은 흔들리는 마음에 희망을 품고 새해 첫날 하는 결심에만 관련된 것이 아니라, 우리가 갈망하거나 가능하다고 믿는 것에 관한 일상의 모든 관점에 관한 것이죠. 만약 우리가 어떤 활동의 정신이나 노력의 정서적인 상태를 알고자 한다면, 자세히 들여다보아야 할 것은 다름 아닌 그것을 행하는 사람의 의도이니까요.

Intention is not just about will—or about resolutions we make on New Year's Eve with shaky hope in our hearts—but about our overall everyday vision, what we long for, what we believe is possible for us. If we want to know the spirit of our activities, the emotional tone of our efforts, we have to look at our intentions.

샤론 살즈버그, 명상법 강사

그러므로 믿음은 바라는 것의 실체요, 보이지 않는 것의 증거니라.

Now faith is the substance of things hoped for, the evidence of things not seen.

〈히브리서Hebrews〉 11:1

모든 창작의 뒤에는 둥근 아치처럼 그것을 지지하는 신념이 있습니다. 열정은 아무것도 아니에요. 잠시 나타났다 사라지곤 하니까요. 하지만 우리에게 믿음이 있다면 기적이 일어나게 되는 겁니다.

Back of every creation, supporting it like an arch, is faith. Enthusiasm is nothing; it comes and goes. But if one believes, then miracles occur.

헨리 밀러Henry Miller 소설가이자 화가

무엇이 우리로 하여금 영적 여행을 떠나게 하는지 그 원인을 속속들이 알 수는 없지만, 어쩐지 삶이 우리의 등을 떠미는 것 같은 생각이 들어요. 우리 내면의 무언가는 우리가 힘든 노동만을 위해 이곳에 있는 게 아니라는 사실을 아는 거죠. 잊어서는 안 될 신비로운 끌어당김이 있는 거예요.

We don't know all the reasons that propel us on a spiritual journey, but somehow our life compels us to go. Something in us knows that we are not just here to toil at our work. There is a mysterious pull to remember.

잭 콘필드Jack Kornfield 불교 수행 지도자

우리 마음속에는 우리가 직접 놓아둔 것만 자리해 있어요. 그러니 좋은 것만 두도록 하세요.

What you find in your mind is what you put there. Put good things in there.

론 래스번Ron Rathbun 명상법 강사

인간은 믿을 수 없을 만큼 강하고, 미래에 관해서는 엄청난 희망을 품고 있죠. 비록 모든 이의 신념이 다르다고 해도, 나는 사람들이 선한 것에 신념을 두는 모습을 많이 봐왔어요. 그들이 삶의 마지막에 닿으면, 그동안 쌓아온 선이 그 자리를 대신하죠. 그들은 자신들이 이 세상을 떠나면 평화가 올 거라고 믿어요.

Human beings are unbelievably strong and terribly hopeful about what's going to happen next. Though everyone's faith is different, I've seen that people have faith in goodness. And whenever they get to the end of life, that goodness takes over. They believe that when they leave this world, a peace will come.

줄리 프라이슐락Julie Freischlag 외과의사

믿음이란 인간의 내면에서 가장 높은 곳에 있는 열정입니다. 수많은 세대가 흘러왔음에도 그렇게 높이까지 올라간 사람은 많지 않아요. 물론 그 이상을 올라간 사람은 하나도 없죠.

Faith is the highest passion in a human being. Many in every generation may not come that far, but none comes further.

쇠렌 키르케고르Søren Kierkegaard 신학자

나는 우리의 현재 모습이 과거 겪어온 일들에 의해 형성된다는 생각을 하며 자라났어요. 하지만 합리적으로 행했다고 믿는 많은 선택이 사실 이성과는 아무 상관이 없고 오히려 감성과 관련된 경우가 많죠.

I grew up with the idea that everything we are is in response to what was done to us……[yet] so many preferences we believe to be intellectually driven have nothing to do with what we think but rather with what we feel.

레이첼 그리피스Rachel Griffiths 배우

내가 생각하는 신의 모습은 많은 사람이 기도를 올리는 인간적인 모습의 신은 아닐지도 몰라요. 하지만, 그래요, 나는 삶의 일상적인 소중함을 굳게 믿어요. 그리고 그게 바로 내가 신이라 부르는 거죠. 그렇다면 믿음은? 내게 믿음이 있을까요? 물론이죠. 나는 우리가 살아가는 방식이 믿음보다 더 중요하다고 생각해요. 나는 사랑하고 사랑받는 내 능력을 믿어요. 가장 중요하게는, 다른 사람을 돕는 것이 진정한 충만함의 열쇠라는 사실을 믿죠. 내 경우에는 확실히 그렇더라고요.

My image of God may not be the personal God so many pray to. But, yes, I do believe in the everyday preciousness of life. That is what I call God. But faith. Do I have faith? ……I have faith that it's not what you believe but how you live your life that matters. I have faith in my ability to love and be loved……. Most important, I have faith that helping other people is the true key to fulfillment. Certainly to mine.

샐리 퀸Sally Quinn 언론인

우리 의사들은 왜 어떤 환자는 회복이 되는데 어떤 환자는 죽는지 그 진짜 해답을 절대 알지 못하죠. 따라서 종종 원시적인 동물들처럼 쳇바퀴 돌듯 같은 길을 따라갈 뿐이에요. 물론 우리가 과학자이기는 해도 위급한 상황에 처하면 토끼의 발을 문지르며 행운을 비는 것 말고는 할 수 있는 게 거의 없거든요.

We doctors never really know why one patient gets better while another dies. So, like primitive animals, we often go about our business along the same well-worn rut. We are scientists, sure—but when the chips are down, we're never too far from rubbing a rabbit's foot.

켄트 셉코위츠Kent Sepkowitz 의사

신념은 완벽함과 위대함 그리고 더 완전한 통일체가 되고자 하는 신성한 추진력에 대한 영혼의 응답입니다.

Faith is the response of the soul to the divine thrust toward perfection, toward great, more perfect wholes.

랍비 야콥 B. 아구스Rabbi Jacob B. Agus 신학자

독실한 신도들 사이에서 믿음이란 완벽함에 관한 것이 아니에요. 그건 퀘이커교도들이 말했던 것처럼 모든 사람의 내면에 있는, 분리해낼 수 없는 신성의 빛에 관한 것이자 결함 있는 이들 앞에서 신성한 이들을 평가하는 것에 관한, 모두가 동등한 존엄성을 품은 채 방을 나가 성장하고 쓰러지고 다시 일어서는 과정에 관한 것이기도 합니다. 나는 일 년여의 결혼생활 후에 결혼도 그와 마찬가지라는 사실을 알게 됐어요.

Faith, among the faithful I know, is not about perfection. It's about knowing, as Quakers would put it, that there is an inextinguishable light inside everyone that is holy. It's about valuing the holy in the face of the flawed, about leaving room to grow, to fall down, then to get back up again, all with equal dignity. And so, I find after a year of practicing, is a good marriage.

리스 펀더버그, 작가

우리는 불편한 감정을 잘 참아내지 못하죠. 이건 외적인 환경에 의해 초래되는 불편함에 관한 이야기가 아니라 어떤 일이 제발 일어나지 않기를 바랄 때 마음속에 느껴지는 불길한 예감에 관한 것인데, 이상하게도 그런 일들은 반드시 일어나고야 말죠. 그래서 어떻게든 그 상황을 피해보려 애쓰잖아요. 하지만 만약 우리가 그 자리에 머물러서 그 생경한 경험을 이해하려고 노력하다 보면, 결국에는 무언가를 배우게 될 거예요.

We have so little tolerance for uncomfortable feelings. I'm not even talking about unpleasant outer circumstances, but that feeling in your stomach of I don't want this to be happening. You try to escape it in some way, but if somehow you could stay present and touch the rawness of the experience, you can really learn something.

페마 초드론Pema Chödrön 불교 승려

당신이 있는 그대로의 자신을 수용하기 전까지는 절대로 가지고 있는 것에 만족할 수 없을 거예요.

Until you make peace with who you are, you'll never be content with what you have.

도리스 모르트만Doris Mortman 작가

어젯밤에 나는 죽음 뒤에는 무엇이 우리를 기다리고 있을까에 관해 아홉 살 먹은 딸아이와 이야기를 나눴어요. 아이는 나만큼이나 이러한 주제에 미혹되어 감상적인 눈길을 보낼 만큼 충분히 자라 있었죠. 나는 사람이 죽으면 그들의 사랑 에너지와 선의가 우리와 함께 머문다고 말해줬어요. 그러한 믿음은 정말 놀랍도록 위안이 되거든요.

I was talking with my nine-year-old daughter last night about what's waiting for us on the other side of life. She's old enough now to get as mystified and misty-eyed about these things as I do. I told her I believe that when people die, their love-energy and goodwill can stay with us. That faith is wonderfully comforting.

다이안 레인Diane Lane 배우

우리가 기다리는 커다란 기적은 지금 이 순간 우리 눈앞에서 시시각각 일어나고 있습니다. 눈을 크게 뜨고 가슴을 활짝 열면 비로소 보이기 시작할 거예요.

The big miracles we're waiting on are happening right in front of us, at every moment, with every breath. Open your eyes and heart and you'll begin to see them.

오프라 윈프리

나는 하루에 두 번, 30분 정도씩 명상을 해요. 명상하는 동안에는 모든 것을 놓아버릴 수 있죠. 난 휴 잭맨도 아니고 아버지도 아니며 남편도 아닌 거예요. 모든 것을 창조해내는 강력한 근원 속으로 깊이 나 자신을 담글 수 있어요. 그 안에서 잠시 목욕을 하는 거죠.

I meditate twice a day for half an hour. In meditation, I can let go of everything. I'm not Hugh Jackman. I'm not a dad. I'm not a husband. I'm just dipping into that powerful source that creates everything. I take a little bath in it.

휴 잭맨Hugh Jackman 배우

만약 당신이 스스로의 내면에서 어떤 자리에 서 있는지 모른다면, 지금 당신이 있는 곳은 어디일까요? 우리가 스스로의 공간 중심에 설 수 있을 때, 비로소 무엇을 선택하고 어떤 결정을 내려야 할지 명확하게 보이게 됩니다.

If you do not know where you stand within yourself, where does that leave you? When you stand centered in your own space, it will become clearer what your choices are and which ones to make.

론 래스번, 명상법 강사

아이를 갖는다는 것은, 매일 그 아이가 성장해가며 풍성하게 피어나는 동안 우리 자신의 죽음과 직면해간다는 것을 의미하죠. 하지만 서구 사회의 모든 요소는 죽음의 부정을 전제로 해요. 죽음 자체를 생각하고 싶어 하지 않죠. 그것이 우리가 죽음에 관해 느끼는 공포심을 더욱 강화하니까요.

I've found that in having a child, you're confronted by your mortality each day as the child grows and blossoms. But every single element in our western society is in denial of death. We don't want to think about it, which compounds the terror we feel about it.

케이트 블란쳇Kate Blanchett 배우

여자는 자신의 환경을 직접적으로 선택할 수는 없지만 생각을 선택할 수는 있습니다. 그러니 확실히 간접적으로는 자신의 환경을 구체화할 수 있다는 말이 되죠. 여자는 마음속으로 생각하는 그대로 변해가게 되어 있어요.

A woman cannot directly choose her circumstances, but she can choose her thoughts, and so indirectly, yet surely, shape her circumstance……. As a woman thinketh in her heart, so is she.

도로시 헐스트Dorothy Hulst 작가

삶은 자아 인식의 과정입니다.

Life is consciousness.

에밋 폭스Emmet Fox 영적 지도자

모든 사람에게는 옳은 길로 그들을 이끌어주는, 소위 말하는 영적 위치 확인장치라는 것이 있습니다. 이 장치는 만약 누군가의 입에서 나온 사소한 문장 하나가 우리에게 오한을 느끼게 하면, 단번에 하던 일을 멈추고 가까이 다가가 그가 하는 말에 귀 기울일 수 있도록 해주는 타고난 재능이에요. 텔레비전 화면에 등장하는 헤드라인은 화면이 바뀐 후에도 오랫동안 마음속에 남아 우리가 스스로에게 이렇게 묻도록 만듭니다. '내게 이 문제를 해결할 만한 재능이나 생각이 있는 걸까?' '과거 내 삶의 역할 모델이었음에도 지금은 내 머릿속에서 까맣게 지워져버린 사람은 없을까?' 삶이 계속해서 우리에게 질문을 하게 하는 한, 그리고 세상에 당신이 되고 싶은 사람이나 하고 싶은 일이 늘 넘쳐난다는 사실을 드러내게 하는 한, 우리를 막을 것은 아무것도 없어요.

Everyone has what I call an SPS—a Spiritual Positioning System—to guide them. This SPS is the instinct that makes you stop multitasking and lean in closer to hear what someone's saying because a sentence suddenly gives you the chills……. It's the headline that stays in your mind long after it fades from the TV screen, prompting you to think, do I have a talent or idea that could turn this problem into yesterday's news? Is there someone I forgot I wanted to be? As long as you keep letting life ask you another question—and reveal that there is always more for you to be and do—you are unstoppable.

앨리스 시볼드Alice Sebold 작가

우리 뒤에 놓인 것과 앞에 놓인 것은 우리 내면에 놓인 것과 비교했을 때 아주 사소한 것에 불과합니다.

What lies behind us and what lies before us are tiny matters compared to what lies within us.

랠프 월도 에머슨, 철학자

종교적인 믿음 없이도 사람이 영적인 존재가 될 수 있을까요? 물론이죠. 그러기 위해 우리에게 필요한 것은 단지 누군가의 걱정, 두려움, 희망 앞에 마음을 열고 그 사람이 외롭지 않게끔 도와주는 겁니다. 인간성이란 바로 다른 사람의 타자성에 기울이는 우리의 관심과 영성을 통해 발현되니까요.

Can one be spiritual without religious faith? One can. All one needs is to be open to someone else's concerns, fears, and hopes, and to make him or her feel less alone⋯⋯. It is my caring for the otherness of the other that determines humanity. And my spirituality.

엘리 비젤, 홀로코스트 생존자이자 노벨 평화상 수상자

나는 심지어 단어 하나 쓰지 않거나 그림 하나 그리지 않으면서 단지 내적인 삶을 형성해가는 것만으로도 창조가 가능하다고 믿어요. 그것 역시도 하나의 행위니까요.

I do believe it is possible to create, even without ever writing a word or painting a picture, by simply molding one's inner life. And that too is a deed.

에티 힐레섬Etty Hillesum 저술가

신념은 우리가 불길한 예감이나 무기력한 마음이 아닌 가능성의 느낌을 안고 삶에 접근할 수 있도록 돕습니다. 우리가 무엇을 할 수 있을지 상상하게 만들고 미지의 것에도 용감하게 다가설 수 있게끔 하죠. 또한 힘겨운 시기를 견뎌낼 수 있는 탄성뿐 아니라 함정에 빠진 듯한 느낌 없이도 계속 도전할 능력도 길러주고요. 나는 내 신념을 통해 아무리 실망스러운 상황 속에서도 다시 시도하고 신뢰하고 사랑할 법을 배웠어요.

Faith helps us approach life with a sense of possibility rather than foreboding and helplessness. It dares us to imagine what we might be capable of. It enables us to reach for what we don't yet know with a measure of courage. It gives us resilience in times of difficulty, and the ability to respond to challenges without feeling trapped. My own faith has taught me that whatever disappointments I might meet, I can try again, trust again, and love again.

샤론 살즈버그, 명상법 강사

나는 우리의 일상에 신성함이 깃들어 있음을 알아요. 그건 내가 음악을 듣거나 춤을 추거나 채소를 다지거나 심지어는 적당히 밝을 때 지하철역에서 집까지 걸어가는 동안 느낄 수 있는 예상치 못한 변화들로 나타나죠. 그런 순간이면 북소리처럼 쿵쿵 울려대는 평소의 생각이나 걱정과는 판이하게 다른, 고요함과 연결되는 듯한 느낌이 들어요.

I can recognize the divine in my own daily life, that unexpected shift I sometimes get while listening to music, dancing, chopping vegetables, even walking home from the subway when the light is just right. In those moments, I feel linked to a stillness so unlike the rat-a-tat of my usual thoughts and worries.

켄드라 헐리Kendra Hurley 저술가

인간은 자신의 성장을 돕는 상황을 회피하는 데 삶을 소비하고 있어요. 하지만 기꺼이 불확실성이나 불편함을 감수하려 시도할 때 우리는 인간 고유의 기쁨, 지혜, 사랑 등과 연결될 수 있습니다.

We spend our lives avoiding the situations that help us grow. It's when we stay with uncertainty and discomfort without trying to fix it that we connect with our own innate joy, wisdom, and love.

페마 초드론, 불교 승려

우리는 친구나 연인이 아닌 자신과의 시간이 필요합니다. 자기 자신과 앉아 있을 때면, 우리는 스스로의 생각이나 느낌을 무시할 수 없게 되거든요. 고통을 경험해야 할지도 모르지만, 그 이면에는 좋은 것들이 놓여 있어요. 그러니 혼자 있는 시간을 두려워해서는 안 됩니다.

You need time with yourself, not a friend or a man. When you sit with yourself, you can't ignore your thoughts and feelings. You may have to go through pain, but on the other side is the good stuff. You don't have to be afraid of being alone.

에일린 피셔Eileen Fisher 의상 디자이너

언젠가 나는 단번에 시선을 사로잡는 대형 광고판 하나를 지나친 적이 있어요. 이런 말이 쓰여 있더군요. '아무리 많은 장난감을 껴안고 죽더라도 여전히 죽었다는 사실은 변하지 않는다.' 죽음의 문턱을 넘나들어본 경험이 있는 사람이라면 누구라도 이렇게 말할 거예요. 삶의 끝자락에 서면, 자신이 얼마나 많은 밤을 사무실에서 야근으로 지새웠는지, 또는 자신의 뮤추얼펀드가 얼마나 값어치가 나가는지 등을 떠올리는 사람은 아무도 없을 거라고요. 우리 머릿속에 오래도록 머무는 생각은 '만약 내가 ○○ 했더라면'에 관한 질문들이죠. 예를 들어, '만약 내가 늘 원하던 그 일을 했더라면 나는 어떤 사람이 되어 있을까?'처럼 말입니다.

I once passed a billboard that caught my attention. It read, 'he who dies with the most toys is still dead.' Anyone who has ever come close to death can tell you that at the end of your life, you probably won't be reminiscing about how many all-nighters you pulled at the office or how much your mutual fund is worth. The thoughts that linger are the 'if only' questions, like who could I have become if I had finally done the things I always wanted to do?

오프라 윈프리

자신의 한계를 인식하는 것, 뼛속 깊은 곳까지 죽음을 인식하는 것은 우리가 지금 이 자리에 살아가고 있다는 기적을 깨닫는 데 최고의 조건이죠. 그것이야말로 인간 설계 계획의 탁월함이라 할 수 있어요. 그 고유의 '결함'이 바로 우리로 하여금 인생이라는 꽉 찬 잔을 받아들자마자 단번에 바닥까지 비우도록 몰아가는 힘이거든요. 오지 않을지도 모르는 미래를 위해 계속 미루기보다는 우리가 살아가는 이 생을, 그러니까 지금 이 순간을 당장 맛보는 게 낫다는 거죠.

Knowing the extent of our limitation, feeling our soon-notto-be-here-ness in our bones, is the best condition we can have for waking up to the miracle that we are here now at all……. That is the brilliance of the human design plan: the built-in 'defect' is the very thing that can spur us to drink down the full draft as it comes to us. Better to taste it now, this life that we have, than to defer it to some future that may never come.

로저 하우스덴Roger Housden 작가

매일 아침 출근길에, 나는 매 블록마다 뭔가 새로운 것이 있지 않을까 하고는 둘러봅니다. 첫 번째 블록에서는 랄프 로렌 상점의 쇼윈도 디스플레이가 바뀌지는 않았는지 살펴보죠. 두 번째 블록에는 크레이트 앤 배럴 상점이 기다리고 있어요. 세 번째에서는 오늘은 뭘 입고 있을까 생각하며 신문 배달하는 소년을 찾는답니다. 계속 그런 식이에요. 이 작은 게임은 내가 멍해지지 않고 정신을 차리게끔 하고, 아무 생각 없이 그날 하루를, 아니 궁극적으로는 인생을 흘려보내는 것이 아니라 의식적으로 살아갈 수 있게 도와줍니다.

On the way to work each morning, I look for something new on every block. On the first block, I check out the window of the Ralph Lauren store to see if the display has changed. On the second block, it's the Crate & Barrel window. On the third block, I look for the paperboy. What is he wearing today? And so on. This little game helps me to tune in rather than zone out, to stay conscious rather than move uncon-sciously through the day and, ultimately, through life.

오프라 윈프리

죽음은 우리에게 가장 큰 두려움이 아니에요. 가장 큰 두려움은 생존하기 위해, 또 진정한 우리 자신을 표현하기 위해 위험을 감수하는 일이죠. 우리는 다른 사람의 요구를 만족시키려 애쓰는 삶을 살아가도록 배워왔어요. 또 거절당할지 모른다는 두려움 때문에 다른 사람의 관점으로 세상을 바라보며 살아가도록 길러졌죠.

Death is not the biggest fear we have; our biggest fear is taking the risk to be alive and to express what we really are. We have learned to live our lives trying to satisfy other people's demands. We have learned to live by other people's points of view because of the fear of not being accepted.

돈 미겔 루이스Don Miguel Ruiz 작가

자애로움을 실천하는 일은 타인과 우리를 연결해주는 내적 능력에 활기를 불어넣어주죠. 자애로움을 길러갈수록, 우리는 타인과 단절되는 느낌의 원천이라 할 무관심과 판단하는 습관을 고쳐나갈 수 있어요. 우정과 친절의 수용 능력은 예외 없이 우리 모두의 내면에 존재합니다. 살면서 어떤 고통을 겪어나가더라도 그 능력은 절대 파괴되지 않죠. 물론 가끔은 희미하게 보일지도 모르지만, 그래도 그 자리에 있는 것만은 확실합니다.

The practice of lovingkindness meditation brings to life our innate capacity for connecting to ourselves and others. The lovingkindness we cultivate breaks the habit of indifference or judgment that keeps us feeling separate from others. A capacity for friendship and kindness exists within each of us, without exception. No matter what pain we might have gone through in our lives, that capacity is never destroyed. It may be — and often is — obscured, but it's there.

샤론 살즈버그, 명상법 강사

믿음은 신비로움 그 자체죠. 그것은 지도 없이 떠나는 여행과 같아요. 때로는 단단한 봉우리를 맺고 때로는 활짝 피어나는 장미처럼 그 속을 펼쳐 보이기도 하죠. 간혹 시들었다는 생각이 들기도 하지만, 곧 어딘가에서 새로이 싹트기도 합니다. 어느 순간 완전히 이해했다는 생각이 들기라도 하면, 전혀 생각지도 못한 더 깊은 층이나 길을 발견하기도 하죠. 나도 한때는 길을 잃었는데, 지금은 제자리로 돌아왔어요. 놀라운 은혜의 힘이죠.

Faith is a mystery; it is a journey without a map. It unfolds like a rose, sometimes tightly budded, sometimes in full bloom. When you think it has withered, it sprouts somewhere else. When you think you've got it figured out, you discover a deeper layer or a path you never knew existed. I once was lost but now I'm found. Amazing grace.

수 얼스펠드Sue Irsfeld 편집자

삶은 모든 경험이 한데 어우러진 것이고 각각의 경험은 우리가 반드시 알아야 할 것이 무엇인지 가르쳐주는 사상, 의도, 행동 등에 의해 생겨납니다. 삶은 자기 자신을 먼저 사랑하고 마주치는 모든 사람에게 그 사랑을 확장해가는 법을 배우는 여행입니다. 두려움 없이 어찌 그 길을 여행해 갈 수 있겠어요? 어려운 결정을 내려야 할 상황에 직면할 때마다, 나는 스스로에게 이렇게 물어요. 만약 내가 실수나 거부당하는 느낌, 혹은 홀로 될 위험 같은 것을 두려워하지 않는다면 무엇을 할 수 있을까? 두려움을 극복하세요, 그러면 그 해답에 집중할 수 있습니다.

Your life is a multipart series of all your experiences —and each experience is created by your thoughts, intention, and actions to teach you what you most need to know. Your life is a journey of learning to love yourself first and then extending that love to others in every encounter. How can you travel on that road without fear? Whenever I'm faced with a difficult decision, I ask myself, What would I do if I weren't afraid of making a mistake, feeling rejected, or being alone? Remove the fear, and the answer comes into focus.

오프라 윈프리

질문question이라는 단어 속에는 정말 아름다운 단어인 퀘스트quest(행복이나 지식, 진리 등의 탐구나 추구를 의미)가 들어 있어요. 나는 그 단어를 무척이나 좋아해요. 우리 모두는 하나의 퀘스트를 수행해나가는 동반자라 할 수 있죠. 본질적인 질문에는 정답이란 없어요. 당신이 나의 질문이자, 나는 당신의 질문이며, 그다음에는 대화가 오가게 되니까요.

In the word question, there is a beautiful word — quest. I love that word. We are all partners in a quest. The essential questions have no answers. You are my question and I am yours — and then there is a dialogue.

엘리 비젤, 홀로코스트 생존자이자 노벨 평화상 수상자

만약 당신이 스스로 문제를 해결할 수 있다면 도대체 걱정할 게 뭐가 있나요? 만약 문제를 해결할 수 없다면 그때는 걱정해서 뭐 하겠어요.

If you can solve your problem, then what is the need of worrying? If you cannot solve it, then what is the use of worrying?

샨티데바Shantideva 불교 학자

경의의 눈으로 바라보면 세상 모든 것에서 신성함을 볼 수 있죠. 신성함이란 바다와 같아요. 또한 오감으로 세상을 바라보는 것은 파도와 같고요. 바다에는 우리가 무슨 수를 써도 다 볼 수 없을 만큼 많은 파도가 있죠. 하지만 그 모두가 나름의 방식으로 변화를 거듭하다가 바닷속으로 사라져갑니다. 각각의 파도에는 나름의 고유함이 있고, 경의는 바로 그 바다를 사랑하는 것이죠.

When you see with reverence, you see holiness in everything. Holiness is like the ocean. What you see with your five senses is like the wave in the ocean. There are so many waves that you will never see them all……. All of them change in their own ways and disappear into the ocean in their own ways. Each one is unique. Reverence is loving the ocean.

게리 주커브Gary Zukav 작가, 영적 치유 강사

자라나는 것이 식물의 목적인 것과 마찬가지로, 모든 인간의 주요 목적은 죽을 때까지 생존하고 성장해가는 것입니다. 정신적인 성장에 관한 한 우리는 결코 만족을 얻지 못할 거예요. 따라서 우리는 무한하게 정신을 계발해나갈 수 있습니다. 한계란 존재하지 않으니까요.

Just as the purpose of a plant is to grow, so it is that the main purpose of every human being is to survive and to grow until death. As far as mental development is concerned, we should never be complacent. We can develop our minds infinitely — there is no limitation.

제14대 달라이 라마, 불교 지도자

생각을 만들어내는 것은 우리 자신이고, 그 생각이 삶을 창조해내죠. 스스로 창조해낸 것이 마음에 드시나요? 매일 자기 자신에 관해 명상을 해보면, 우리는 스스로가 무엇인지에 관한 것뿐 아니라 누구인지에 관한 신비도 풀 수 있습니다.

You create your thoughts, and your thoughts create your life. Do you like what you have created? Contemplate yourself each day and you will unravel the mystery of not only what you are but who you are.

론 래스번, 명상법 강사

실패는 신의 작은 속삭임입니다. 우리가 그것에 귀 기울이지 않으면, 때로 엄청난 지진처럼 삶 전체를 통해 분출되기도 하죠. 실패는 우리가 잘못된 방향으로 나아가고 있으니 뭔가 다른 것을 시도해봐야 한다는 것을 보여주는 사소한 삶의 방식일 따름이에요. 우리 스스로 힘을 주기 전까지 실패는 아무런 위력도 발휘하지 못합니다.

Failures can be God's little whispers; other times, they are full earthquakes erupting in our lives because we didn't listen to the whispers. Failure is just a way for our lives to show us that we are moving in the wrong direction, that we should try something different. It holds no more power than we give it.

오프라 윈프리

현재만이 우리가 온전하게 소유한 것임을 가슴 깊이 깨달아야 해요.

Realize deeply that the present moment is all you ever have.

에크하르트 톨레, 영적 치유 강사

인간은 자신 외부의 세상을 통제할 수는 없지만, 내면으로 무엇을 들여갈지에 관한 것은 선택할 수 있어요. 그러니 만약 삶에서 그 어떤 가치도 발견하지 못하겠다면, 습관이 될 때까지 매일 한 가지씩 아름다움을 발견해나가려 애써보세요.

You cannot control the world outside, but you can choose what you will bring into yourself. If you do not see anything of value in life, begin by finding one thing of beauty every day until it becomes a habit.

론 래스번, 명상법 강사

경제적인 자유는 돈만 갖는다고 해결되는 게 아니에요. 돈에 관한 자신의 생각과 느낌, 그리고 그것을 어디에 투자하고 어떻게 사용할지에 관해 스스로 힘을 갖지 않는 한 우리는 절대 경제적인 자유를 얻을 수 없습니다.

Financial freedom is not about having money. You are never free until you have power over how you think and feel about your money and how you invest and spend it.

수지 오먼, 금융 전문가

나에게 영적인 삶이란 모든 창조의 에너지와 내가 연결되어 있다는 사실을 깨닫는 거예요. 내가 그 일부이고, 그것이 항상 내 일부라는 사실이죠. 또한 내가 누구인지에 관한 진실, 즉 내 영적 자아를 수용하는 것이기도 합니다. 스스로의 삶을 통제한다는 것은 몸부림을 멈추고 삶의 흐름에 모든 것을 맡긴 채 앞으로 나아간다는 것을 의미하죠.

Spirituality for me is recognizing that I am connected to the energy of all creation , that I am part of it— and it is always a part of me……. Allowing the truth of who you are—your spiritualself—to rule your life means you stop the struggle and learn to move with the flow of your life.

오프라 윈프리

Oprah Winfrey

나이 든다는
것

If it's true that the fifties
represent everything you
were meant to be—
all I can say is watch out.

만약 "50대라는 나이는
당신이 되고자 했던
모든 것을 의미합니다."라는
말이 사실이라면,
내가 여러분에게
해주고 싶은 말은 이겹니다.
조심하세요.

오프라 윈프리

스물여섯 살 때 나는 내가 누구인지 몰랐어요. 서른여섯이 됐을 때도 마찬가지였죠. 지금은 알아요. 내 생각엔 그게 바로 진짜 본인이 되는 거예요. 마침내 내가 누구인지 알게 될 때.

When I was twenty-six, I didn't know who I was. And at thirty-six, I didn't know who I was. Now I do. I think that's what being authentic is—when you finally know you.

제이미 리 커티스Jamie Lee Curtis 배우

50대 후반이 되어서야 나는 비로소 이전에는 할 수 없었던 방식으로 나 자신을 수용하기 시작했어요. 난 다른 사람들이 어떻게 생각할지에 관해서는 별로 걱정하지 않아요. 그게 속 편하거든요. 그리고 이제는 원치 않는 일을 억지로 하게끔 나 자신을 밀어붙일 필요가 있다는 느낌도 놓아버리기 시작했어요.

In my late fifties, I began to embrace myself in a way that I hadn't been able to before. I find that I'm not as worried about what other people think. That's a comfortable place to be. And I'm starting to let go of the feeling that I need to push myself to do things I don't want to do.

샐리 필드Sally Field 배우

마흔이 되기 전에는 내가 나이 먹는 걸 두려워할 줄 알았는데, 그렇지 않더군요. 하루는 큰딸 에리카하고 스쿠버다이빙을 다녀왔더니 흰머리가 다 드러났더라고요. 다이빙 가기 전에 반영구 염색을 했거든요. 그런데 물에 들어갔다가 나왔더니 머리가 다시 하얘진 거예요. 거울을 바라보면서 이렇게 혼잣말을 했죠. '세상에, 이제는 흰머리를 받아들일 때가 됐어.' 그때가 마흔둘이었어요. 그건 정직함의 일부예요. 세월과 함께 수반되는 나이에 관한 정직함이죠.

Before I turned forty, I thought I would be concerned about aging, but I'm not. My gray hair came about because I went scuba diving with my eldest daughter, Erika. Prior to our dive, I'd been using a semipermanent dye. So when I went down in that ocean and came back up, this hair was gray······. I looked at myself and said, 'Oh my God, it's time for me to accept this.' I was about forty-two. That is part of the honesty, the honesty of my age and what is attendant with aging.

카밀 코스비|Camille Cosby 자선활동가, 코미디언 빌 코스비의 부인

가장 많이 살았다는 것은 가장 오래 살았다는 게 아니라 가장 풍부한 경험을 쌓았음을 일컫는 말입니다.

The person who has lived the most is not the one with the most years but the one with the richest experiences.

장 자크 루소Jean-Jacques Rousseau 철학자

한 번 경쟁자는 영원한 경쟁자예요. 사람들은 우리가 나이를 먹어감에 따라 경쟁 심리도 사그라질 거라고 생각하지만, 절대 그렇지 않아요. 내 또래나 그보다 나이 많은 사람들이 이런 말 하는 걸 여러 번 들은 적이 있어요. 지금까지 한 번도 해보지 않은 어떤 일을 할 예정이라고요. 얼마나 멋져요.

Once a competitor, always a competitor. Everyone assumes that as you age your feelings of competitiveness dissipate, but they don't. People my age and older have been telling me they are going to do something they have never done before. I love that.

다라 토레스Dara Torres 올림픽 수영 부분 최고령 메달리스트

주름과 이중 턱은 우리가 가장 두려워하는 '죽음'의 연막 역할을 하죠. 나는 죽음 후에도 영혼은 계속 살아 있다고 믿어요. 그게 지상에서의 삶을 덜 두렵게 만들죠. 우리는 이곳에 있을 만한 이유가 있고, 도전을 해나가야 할 의무가 있기에, 계속 성장해나가 반드시 되기로 예정된 사람으로 변해가야 합니다. 그렇기 때문에 나는 늙어가는 두려움과 죽음의 공포를 내 영적인 훈련으로 삼아 극복해나가고 있어요. 고개를 돌려 외면하지 않고, 존재하지 않는다고 부인하지도 않으며, 화장용 반창고 같은 걸 붙여 위장하려 하지도 않죠. 대신 내 몸과 삶에서 일어나는 일에 용감한 태도로 맞서고 있어요.

The wrinkles and the double chin are smoke screens for what we're really afraid of—mortality. I happen to believe that our souls continue after we're gone, and that makes life on earth less fearful. We're here for a reason, and challenges are handed to us so we can grow and become more of who we're meant to be. So I deal with my fear of aging and death by making it my spiritual practice. Not turning away from it, not pretending it doesn't exist, not slapping on a cosmetic Band-Aid. But by taking on a fearless attitude toward what really is happening to my body and my life.

엘리자베스 레서Elizabeth Lesser 작가

나는 아무것도 안 하고 있으면 죄책감을 느끼는데, 사실 나이를 먹어가면서 정말 하고 싶은 일이 있다면 바로 그거거든요. 정말 여러 해 동안 나는 상당히 교양 있고 문명화된 사람으로 정확히 내가 하고 있어야 할 일들을 하며 살아왔어요. 일 년이면 서른 번의 발레 공연을 갔죠. 그런데 지금은 이런 생각이 들어요. '이렇게 귀찮아서 발을 질질 끌며 거길 꼭 가야 하는 걸까? 집에 있고 싶은데. 강아지나 쓰다듬으면서…….《법과 질서》를 보는 게 더 나을 거 같아.'

I feel guilty about doing nothing, but as I get older, that's all I really want to do. For so many years, I was doing exactly what I was supposed to be doing as an enlightened, cultured person. I used to go to the ballet thirty times a year. Now I think, do I really want to schlep all the way there? I want to stay home, pet my dog…… and watch Law & Order.

아이작 미즈라히Isaac Mizrahi 의상 디자이너

오늘 부로 나는 예순여섯이 됐어요. 아직도 건강하죠. 게다가 내 나이에 감사하고 그걸 즐기기까지 하는 걸요. 많은 이들이 변화를 거부하기 때문에 있는 그대로의 자신을 즐기지 못하는 거예요. 어떤 변화든 간에 포용하려 노력해보세요. 그러면 자신이 들어선 그 새로운 세상에 관해 배울 수도 있고, 그걸 이용할 수도 있게 돼요. 여전히 우리는 과거의 경험에 주의를 기울여야 하지만, 또 다른 삶의 수준까지 올라설 수도 있죠. 그건 정말이지 완전한 해방과도 같아요.

Today I am sixty-five years old. I still look good. I appreciate and enjoy my age……. A lot of people resist transition and therefore never allow themselves to enjoy who they are. Embrace the change, no matter what it is; once you do, you can learn about the new world you're in and take advantage of it. You still bring to bear all your prior experience, but you're riding on another level. It's completely liberating.

니키 지오바니Nikki Giovanni 시인

나이가 들어간다는 것은 내게 일어난 사건 중 최고예요.
매일 아침 눈을 뜰 때마다, 나는 다시 시작하고 더 나아
질 기회를 안고 여전히 이곳 지상에 머물러 있다는 사
실에 무척이나 큰 기쁨을 느껴요.

Getting older is the best thing that ever happened to
me. I wake up every morning rejoicing that I'm still
here with the opportunity to begin again and be better.

오프라 윈프리

요즘 40·50·60대 여성들이 예전처럼 나이 들어 보이
지 않는 데는 다 이유가 있어요. 그건 여성주의나 운동
으로 더 나은 삶을 살아가게 됐기 때문이 아니에요. 염
색 때문이죠. 1950년대에는 미국 여성 중에 단지 7퍼센
트만이 머리를 염색했지만, 오늘날에는 맨해튼이나 로
스앤젤레스 거리를 지나다니다 보면 흰머리 여성이 한
명도 눈에 띄지 않을 때도 있어요.

There's a reason why forty, fifty, and sixty don't look
the way they used to, and it's not because of feminism
or better living through exercise. It's because of hair
dye. In the 1950s, only 7 percent of American women
dyed their hair; today there are parts of Manhattan
and Los Angeles where there are no grayhaired women
at all.

노라 에프론Nora Ephron 저술가

이런 격언이 있어요. '삶은 우리가 만나게 될 일들을 만날 수 있게끔 준비해준다.' 예순일곱이 된 지금, 서른셋의 나였다면 엄청난 비탄에 빠져 감당해내지 못했을 일들을 다룰 수 있게 됐어요. 친구의 죽음이 그 한 예죠. 치매와 맞서 싸워야 하는 사람은 서른셋의 당신이 아니에요. 자신 안에 용기와 강인함을 쌓아온 사람만이 치매와 싸워 이길 수 있어요. 우리는 실망을 견뎌내며 힘을 길러가는 겁니다.

There's a saying, 'Life makes you ready to meet with the things you meet with.' At sixty-seven I can deal with things that would have completely devastated me at thirty-three. Like the death of a friend. The person who's going to deal with Alzheimer's is not the thirty-three-year-old you. The person who's going to deal with Alzheimer's is a person who has built courage and tenacity……. We build strength, disappointment by disappointment.

레이첼 나오미 레멘, 의사

70대라는 나이는 정말 매력적이에요.

The seventies are hot.

마야 안젤루, 작가

노숙자가 되는 것. 치매에 걸리는 것. 홀로 되는 것. 이러한 걱정들은 나이 먹음이 아니라 살아가는 것에 관한 겁니다. 삶의 두려움이라는 게 뭘까요? 그건 무엇보다도 죽음을 두려워하는 거예요. 또한 소심함과 우유부단함 때문에 인간으로서의 소명을 지켜나가지 못하는 것이죠. 그걸 해결할 방법은 스스로 완전한 책임을 지고, 우리가 쓰는 시간과 차지하고 있는 공간을 책임지는 거예요. 만약 자신의 소명이 무엇인지 모르겠다면, 그저 무언가 선한 일을 하면 됩니다.

Becoming a bag lady. Getting Alzheimer's. Ending up alone. All of these concerns speak to a fear not of aging but of living. What is a fear of living? It's being preeminently afraid of dying. It is not doing what you came here to do, out of timidity and spine-lessness. The antidote is to take full responsibility for yourself— or the time you take up and the space you occupy. If you don't know what you're here to do, then just do some good.

마야 안젤루, 작가

나는 스무 살 때보다, 아니 심지어는 쉰 살 때보다도 훨씬 더 나 자신다워졌고, 내 안에서 편안함을 느껴요. 눈을 보면 알 수 있습니다. 사실 눈을 들여다보면 내가 거쳐온 모든 나이를 볼 수 있는데, 정말 열심히 살펴본다면 내 비밀까지도 보일 거예요. 그 비밀이란 바로 우리가 흔히 영혼이라 부르는 그 불가해한 활력과 지혜와 유머는 피상적인 아름다움이 사라져도 계속 살아남는다는 사실을 내가 알고 있다는 거죠. 그건 정말 엄청난 비밀이에요. 그리고 만약 그 비밀이 많은 사람의 관심을 끌게 된다면, 그건 스스로를 이해하는 사람들이 그렇지 못한 사람들에게 최면을 걸기 시작했음을 의미하는 거겠죠.

I am more myself and more at home in myself today than I was at twenty or even fifty. You can see this in my eyes. In fact, you can see all the ages I've been in my eyes, and if you look really hard, you can even see my secret, which is the knowledge that vitality, wisdom, humor—the intangible we call 'soul'—survives when superficial beauty fades. That's a powerful secret, and if it turns heads, it's because young people who may not understand themselves might be hypnotized by people who do.

린다 엘러비|Linda Ellerbee 저술가

나이 먹는 것이 내리막길을 내려가 점점 사라지는 과정이라고 간주하는 것은 큰 오산이에요. 오히려 그 반대죠. 사람은 나이를 먹어감에 따라 놀랄 만큼 큰 보폭으로 성큼성큼 걸어 올라갑니다.

It is a mistake to regard age as a downhill grade toward dissolution. The reverse is true. As one grows older, one climbs with surprising strides.

조르주 상드George Sand 작가

나는 기분 좋은 날이면 내 나이가 서른여덟 살이고, 정말 지겹도록 천천히 지나는 날에는 마흔두 살쯤 됐다고 생각해요. 나이는 숫자에 불과하다는 것을 알지만, 그래도 상관없어요. 그렇게 생각하기로 마음먹었으니까요.

In my head, I think I'm thirty-eight on a good day, and hanging in around forty-two on my slowest day. No matter, I know the number is irrelevant. It's what you decide to do with it that matters.

오프라 윈프리

우리 사회는 표면적이자 피상적인 것에 불과한 외모에 너무 큰 가치를 부여하고 있어요. 피부가 처지기 시작하면 많은 여성이 보톡스를 맞으러 가죠. 세상에 그깟 주름 좀 없애겠다고 다른 사람이 내 얼굴에 바늘을 찔러 넣도록 한단 말인가요? 자, 이번이 진짜 질문이에요. 나이 먹어가는 것에 더 많은 가치를 부여하려면 어떻게 해야 될까요? 외모나 우리가 소유한 물건이 아니라 여성이라는 사실 그 자체에 가치를 부여하면 됩니다.

The surface, the superficial, the way one looks has become valued too highly in our society. When the skin begins to sag, many women go for Botox. Why on earth would you let somebody stick a needle in your face just to get rid of a wrinkle? Here's the real question: What do we have to do to place more value on age? We have to value ourselves not for what we look like or the things we possess, but for the women we are.

마야 안젤루, 작가

나는 딱 어제만큼만이라도 젊어지고 싶은 생각은 없어요. 이 나이가 되면 얼마나 자유로운데요. 이젠 누가 나를 돌아보지 않을까 조바심내며 집밖으로 나서지 않아도 되니, 정말로 집중하고 싶은 일에만 집중할 수 있거든요. 할 일을 제대로 할 수 있다는 거죠.

I wouldn't even go back to as young as I was yesterday. Being this age is completely freeing. To walk out of the house without wondering who's looking back at you makes it possible to focus on what you really want to focus on. It makes it possible to get your work done.

애비게일 토머스, 저술가

사람은 나이를 먹어 성숙해갈수록 완전한 친밀감이나 박식함, 권력 같은 것을 온전히 소유할 수는 없지만, 자기 초월이나 성장, 타인과 가까워지는 것 등은 자신의 손에 달려 있다는 사실을 깨닫게 되죠.

To mature is in part to realize that while complete intimacy and omniscience and power cannot be had, self-transcendence, growth, and closeness to others are nevertheless within one's reach.

시셀라 복Sissela Bok 철학자

실제 나이가 어떻게 되든, 열정적인 만남을 상기해냄으로써 우리는 사춘기 시절의 활력을 다시 소생시킬 수 있죠. 소위 여드름 없는 사춘기를 맞는 거죠. 그래서인지 가끔 내 독신 고객들은 마침내 꿈에 그리던 이상형과 사랑에 빠지기도 합니다. 흔히들 제짝을 만나면 젊어진다고 생각하지만, 실제로는 젊다고 느끼는 마음이 제짝을 만나게끔 해주는 거예요.

Whatever your calendar age, by recalling a passio-nate encounter, you reawaken the vitality of adoles-cence, without the acne······. It's often why my single clients finally hook up with the man or the woman of their dreams······. We think that attracting the right person will make us feel young, but really, it's feeling young that helps us attract the right person.

마사 베크, 인생 상담사

세상에 태어나서 처음으로 자기 자신을 비웃게 되는 날 우리는 성장을 경험하죠.

You grow up the first day you have your first real laugh — at yourself.

에델 배리모어Ethel Barrymore 배우

나는 우리가 나이 들어감에 따라 섹스에도 더 능숙해
진다고 이야기해주고 싶어요. 정말이에요. 물론 이미
그 시점에 도달해 있다면 본인이 더 잘 알겠지만, 폐경
이후 오르가슴을 느낀다는 것은 좀 애매한 문제일 수
있죠. 그러니 더 능해지는 것은 아니에요. 하지만 달라
져요. 물론이에요. 그다지 절박하지 않다면 더욱 사랑
하게 되죠. 훨씬 복잡해지고 연민도 깊어지느냐고요?
물론이에요.

I wish I could tell you that sex gets better as we get
older, I really do. But as you probably know if you're
already there, the postmenopausal orgasm can be a
very elusive character……. So: Better, no. Different,
yes. More loving, if less urgent, yes. More complex and
compassionate, yes.

밸러리 먼로, 저술가

지금 이 나이에…… 나는 원하는 것을 할 작정이고, 그
것 외에 다른 걸 할 시간은 전혀 없어요.

At my age…… I'm going to do what I want and I
haven't got time for anything else.

플로린스 케네디Florynce Kennedy 변호사

성숙함의 실천은 배워야 하는 기술이고, 계속 유지되어야 할 노력이에요. 50대가 될 때까지 우리는 계속해서 자신을 만들어가야 하고, 만약 잘만 된다면 젊을 때보다도 훨씬 나을 겁니다.

The practice of maturing is an art to be learned, an effort to be sustained. By the age of fifty, you have made yourself what you are, and if it is good, it is better than your youth.

마리아 매니스Marya Mannes 언론인

삶에는 질문을 하는 시기와 대답을 하는 시기가 있죠.

There are years that ask questions and years that answer.

조라 닐 허스턴Zora Neale Hurston 작가

여성은 나이를 먹어감에 따라 훨씬 멋지게 성장해가는 집단이에요.

Women may be the one group that grows more radical with age.

글로리아 스타이넘, 여성 인권 운동가

윌리엄 사로얀은 죽음에 관해 이렇게 말했어요. '사람은 누구나 죽어야 하지만, 내 경우는 늘 예외라고 믿었죠.' 그리고 나는 나이 드는 것에 관해 이와 똑같이 느끼고 있어요.

I feel about aging the way William Saroyan said he felt about death: Everybody has to do it, but I always believed an exception would be made in my case.

마사 베크, 인생 상담사

나이는 내가 평생을 두고 찾아 헤매던 것을 가져다 주었어요. 바로 나 자신이죠. 또한 나이는 생애 내내 나를 기다려온 온전함 속으로 당당히 걸어 들어갈 수 있도록 나를 도와준 시간과 경험, 실패와 승리 그리고 친구들을 제공했죠.

Age has given me what I was looking for my entire life —it gave me me. It provided the time and experience and failures and triumphs and friends who helped me step into the shape that had been waiting for me all my life.

앤 라모트, 작가

나는 마흔두 살이 됐어요. 아무리 벤치프레스(누워서 역기 들기)를 한다고 해도 중력의 힘을 피해갈 수는 없어요. 피부는 계속 탄력을 잃어갈 테고, 신진대사도 계속 느려지겠죠. 하지만 지금 내가 운동을 하는 이유는 젊음의 윤기를 다시 찾고자 하는 게 아니에요. 몸이 영혼에 봉사하던 젊은 시절, 여성이란 어때야 하고 어떤 모습이어야 하는지에 관한 필터 없이 몸 그 자체가 열정과 기쁨과 우아함 등의 표현이던 그 시절을 다시 발견해보고자 함이죠. 나는 소녀 시절 이래로 그 어느 때보다도 더 강한 힘과 자유로움을 느껴요. 그것이 여성으로서의 나 자신을 더 잘 알아가게 허락하죠.

I've turned forty-two. I can bench-press all I want and gravity will still take its toll. My skin will continue to lose its elasticity. My metabolism will continue to slow. But this fitness I have now is not about recapturing the sheen of youth. It's about rediscovering a time from my early life when the body was in service to the spirit, when it was an expression of drive and joy and grace without all the filters of what women should and can't look like. I feel power and freedom I haven't known since I was a girl. And that allows me to know myself better as a woman.

리스 펀더버그, 작가

지금 나이가 스물여덟이든 여든여덟이든, 여러분은 분명히 자기 자신에게 하나의 꼬리표를 붙여놨을 거예요. 나이와 함께 딸려가는 그 꼬리표를 한 번 바라보세요. 그리고 나서 삶의 실재를 반영하는 것 위에 다시 가져다 놓는 겁니다. 장담컨대, 매년 생일이 되면, 어떤 사람은 좋은 시절 다 갔다고 한탄할 테고, 또 어떤 사람은 이제부터 시작이라고 생각할 거예요. 선택은 여러분 손에 달렸어요.

Whether you're twenty-eight or eighty-eight, you've probably stamped yourself with a label. Look at the label that comes with your age, then replace it with the one that reflects the reality of your life. I know for sure that every birthday, you decide whether to mark it the end of your greatest days or the beginning of your finest hour. Your call.

오프라 윈프리

나는 그저 있는 그대로의 나 자신이 된다는 것이 얼마나 즐거운 일인지 망각해본 적이 없어요.

I never lose sight of the fact that just being is fun.

캐서린 헵번Katharine Hepburn 배우

목표에 도달한다는 건 절반의 즐거움이 아니에요. 완전
한 즐거움이죠.

Getting there isn't half the fun — it's all the fun.

로버트 타운센드Robert Townsend 전임 에이비스 회장

인간은 나이를 먹어감에 따라 더 근사하게 변해간다고
생각해요. 덜 단정적이고, 덜 확신에 찬 모습이 되어가
는 거죠. 삶은 몇 개의 모퉁이를 돌 때 우리 모두를 쓰
러뜨리기도 합니다. 암, 이혼, 10대 시절, 그리고 여러
다른 고난이 우리로 하여금 완벽한 우리 자신을, 혹은
완벽한 삶을 포기하게 만들곤 하는데, 그거야말로 진정
한 위안이에요.

**I think most of us become nicer as we get older, less
judgmental, less full of certitude; life tends to knock a
few corners off all of us as we go through. Cancer,
divorce, teenagers, and other plagues make us give up
on expecting ourselves — or life — to be perfect, which
is a real relief.**

몰리 아이빈스Molly Ivins 저술가

나는 40대 중반에 성공가도를 달리고 있었지만, 근래 10년 동안 받은 다른 선물에 비하면 그건 아무것도 아닙니다. 그 선물이란 내가 얼마나 친절한 사람으로 변모했으며, 나 자신에게 얼마나 근사하고 애정 어린 아내가 되어주었으며, 얼마나 사랑 많은 동반자가 되어주었는가에 관한 것이죠. 나는 하루가 저물 때면 나 자신의 지친 발을 담글 수 있도록 소금을 푼 뜨거운 목욕물을 준비합니다. 또한 내가 일을 하고 있을 때면, 위대한 예술가의 아내들이 그러듯이 나 자신을 위해 이런저런 일을 대신 처리해주기도 하죠. '아뇨, 죄송합니다. 앤 라모트 씨는 참석 못하실 거예요. 요즘 너무 바쁘게 일하셔서 휴식이 필요하거든요.' 나는 '아니오'가 완벽한 하나의 문장이라는 사실을 삶의 신조로 삼고 있고, 휴식은 하나의 영적인 행위로 간주해요.

I became more successful in my mid-forties, but that pales compared to the other gifts of this decade — how kind to myself I have become, what a wonderful, tender wife I am to myself, what a loving companion. I get myself tubs of hot salty water at the end of the day in which to soak my tired feet. I run interference for myself when I am working, like the wife of a great artist would: 'No, I'm sorry, she can't come. She's working hard these days and needs a lot of downtime.' I live by the truth that No is a complete sentence. I rest as a spiritual act.

앤 라모트, 작가

나이 먹은 사람들이 공유하는 위대한 비밀 가운데 하나는 70년이 아니라 80년을 살아도 인간은 거의 변하지 않는다는 사실이에요. 물론 몸은 변하지만, 우리 자신은 전혀 변하지 않죠.

The great secret that all old people share is that you really haven't changed in seventy or eighty years. Your body changes, but you don't change at all.

도리스 레싱Doris Lessing 소설가

나는 나이를 먹으면 어떨까라는 생각은 해도, 오프라 없는 삶은 상상도 할 수 없어요. 정말이에요. 만약 내가 아흔 살이 되고 오프라가 아흔한 살이 될 때까지 살 수 있다면, 내가 먼저 갈래요.

I think about when we get old, but I can't imagine life without Oprah. I really can't. I'll go first if I can be ninety and [she] can be ninety-one.

게일 킹Gayle King 편집자

나이 마흔에 나는 다시금 열정이 샘솟는 것을 느껴요. 이게 단지 생화학적인 반응일까요, 아니면 아기들과 관련이 있는 일일까요, 혹은 새로 찾은 지혜의 힘이거나, 오래 기다려온 여유자금, 또는 갈수록 평온하고 차분해지는 결혼생활 때문일까요. 그것도 아니라면, (여보세요!) 이 모든 것이 합쳐진 결과일까요? 나는 새로운 소설을 쓰기 시작했어요. 쓰고 있는 나도 전율하게 만드는 매우 감각적인 내용이죠. 이탈리아 여행이나 밝은 색으로 머리 염색하기처럼 그동안 내가 해보지 못한 일도 생각해봤죠. 티파니에서 펜도 하나 샀어요. 왜냐하면 내 나이 이제 마흔이잖아요, 젠장, 그 정도는 누릴 만한 자격이 있다고요.

At forty—as it the biochemical boost, the being done with babies, the power of my newfound wisdom, the longawaited spare cash, the calmer, gentler marriage, or (hello!) all of the above?—a felt a renewal of passion. I began to write another novel, a sensual story that thrilled me to work on. I thought about things I hadn't allowed myself to: traveling to Italy, lightening my hair. I bought a pen at Tiffany's because now that I was forty, damn it, I deserved one.

캐시 하나워Cathi Hanauer 저술가

심장에 주름살이 생기지 않게 하는 것, 희망적이고, 친절하고, 밝고, 겸손해지는 것, 그것이 바로 나이를 이겨내는 방법입니다.

To keep the heart unwrinkled, to be hopeful, kindly, cheerful, reverent — that is to triumph over old age.

토머스 베일리 올드리치|Thomas Bailey Aldrich 저술가

매력은 빛바래지 않고, 기지는 나이 먹지 않으며, 지식은 언제나 값으로 따질 수 없을 만큼 소중하죠. 만약 우리가 잘 살아간다면, 매년 한 해의 값어치만큼 더 나아지고, 똑똑해지고, 현명해질 거예요. 난 멋진 가슴보다 근사한 유머 감각이 더 매력적이고, 섹스보다 퍼지 초콜릿과 반려견이 훨씬 낫다고 생각해요. 기운내서 오늘을 즐기세요. 오늘보다 더 좋은 미래란 없으니까요.

Charm doesn't fade, wit doesn't age, and knowledge is still priceless. If we live well, every year we become a year's worth better, smarter, and wiser. Good humor is more attractive than good breasts, and I think fudge and pets are better than sex. Cheer up and enjoy today, because it will get worse.

몰리 아이빈스, 저술가

지금이 내 인생에서 최고의 시기예요. 처음 80년 동안 은 정말 힘들었거든요.

This is the best time in my life—the first eighty years are definitely the hardest.

캐럴 채닝Carol Channing 배우

나이 들수록 진정한 즐거움에 접근할 기회가 훨씬 많 아진다고 생각해요. 자신을 행복하게 해 주는 게 뭔지, 또 한때는 필요하다고 생각했지만 지금은 전혀 그렇지 않은 게 뭔지 너무도 잘 알고 있잖아요. 매순간, 우리는 무엇이 우리의 최고 관심사를 만족시키는지, 그리고 무 엇이 우리에게 최고의 기쁨을 가져다 줄지 선택할 수 있어요. 그런데 왜 그걸 지금 하면 안 되죠?

I believe the older you get, the more access you have to real fun: You know what makes you happy, which isn't necessarily what you once thought it would be. In every moment, you have the ability to choose what serves your best interest and will bring you the most fun. Why not do it now?

오프라 윈프리

30대의 나에게는 내 몸이 원수였어요. 하지만 나이 먹은 나는 이 몸을 선망 가득한 눈길로 바라보더군요. 이 젊고, 능력 있고, 건강하며, 활기 넘치는 몸을요. '당신 미쳤어요?'라는 말이 내가 나 자신에게 했던 말이에요. '이제부터는 완전 내리막이라고요.' 그러고 나서 나이 먹은 내가 미래 속으로 다시 사라져버렸어요. 나는 똑똑한 사람이라면 있는 그대로의 몸을 경이로운 눈길로 바라보며 감사한다는 사실을 깨닫게 됐죠. 그때 이래로는 몸에 관해 야비한 말을 하지 않아요, 물론 가끔은 살짝 혀를 깨물며 참기도 하지만요.

To Thirtysomething Me, my body was my enemy. But Old Me looked wistfully at this body—this young, able, healthy, juicy body. 'Are you crazy?' is how she expressed herself. 'You know it's all downhill from here.' And then she faded back into the future, leaving me with the understanding that a smart person would appreciate this body for the marvel that it is. I don't think I've said a mean word to it since, though occasionally I've had to bite my tongue (gently).

에이미 그로스Amy Gross 편집자이자 저술가

우리는 대부분 살면서 어느 특정한 시기에 도달하게
되는데, 어쩌면 그 시기는 당신이 나와 같은 쉰네 살이
되는 때일지도 몰라요. 그때는 자신의 본모습, 진정한
재능, 결함 등과 타협이 이루어지는 시기죠. 나는 아는
것은 정말 잘해낼 자신이 있어요.

Most of us get to a certain stage in life—maybe it
happens when you're fifty-four, like me—when you
come to terms with who you are, what your talents are,
and what your shortcomings are⋯⋯. I am confident
that I'll be able to do a good job at what I know.

로라 부시Laura Bush 미국 제43대 대통령 조지 W. 부시 영부인

일흔 살 먹은 젊은이가 된다는 것은, 마흔 먹은 노인네
가 되는 것보다 때론 훨씬 즐겁고 희망적이죠.

To be seventy years young is sometimes far more
cheerful and hopeful than to be forty years old.

올리버 웬들 홈스 시니어Oliver Wendell Holmes Sr 시인

한 인간 내면의 진정한 아름다움은 그가 나이를 먹어
갈 때에야 비로소 드러나죠.

**You can only perceive real beauty in a person as they
get older.**

아누크 에메Anouk Aimée 배우

만약 내가 나이 먹고 현명해지는 것과 젊고 현명해지
는 것을 교환할 수 있다면, 그렇게 하겠어요. 하지만 그
건 우리가 선택할 수 있는 게 아니잖아요. 나는 거리를
성큼성큼 걸어가는 아름다운 젊은 여성들을 볼 때, 그
들의 불안과 자의식, 불만을 인식할 수 있어요. 다들 완
벽하지만, 그 사실을 몰라요. 아니, 알 수가 없죠. 이러
한 역설적인 상황이 날 웃게 만드는데, 사실 그 때문에
말할 수 없이 감사하기도 하죠.

**If I could trade being older and wiser for being young
and wise, I would, but I don't see that as an option. I
see glorious young women striding down the street and
recognize their expression of displeasure, their self-
consciousness and discontent. They're perfect and they
don't know it because they can't. The irony of this
cracks me up, for which I'm unaccountably grateful.**

카렌 카보Karen Karbo 저술가

늙은 나이란 없어요. 그저 늘 그랬던 것처럼, 단지 우리 자신만이 있는 거예요.

There is no old age. There is, as there always was, just you.

캐럴 매소Carol Matthau 저술가

지금까지 나는 삶의 경험을 통해 교훈을 얻고 진정한 나 자신으로 성장해가는 느낌도 얻었어요. 그리고 이제야 어른이 된 느낌이에요. 그 어느 때보다도 훨씬 더 나 자신이 듯한 느낌도 들고요. 만약 마야 안젤루가 했던 '50대라는 나이는 당신이 되고자 했던 모든 것을 의미합니다.'라는 말이 사실이라면, 내가 여러분에게 해주고 싶은 말은 이겁니다. 조심하세요.

All these years I've been taking lessons from life experience sand feeling like I was growing into myself. finally, I feel grown. more like myself than I've ever been. if it's true what maya angelou says — that the fifties represent everything you were meant to be — all I can say is watch out.

오프라 윈프리

Oprah Winfrey

삶의 주인

Not what you wish or want,
but what you truly believe.

소망하거나
원하는 것이 아니라
진심으로 믿는 바대로
변해가는 겁니다.

오프라 윈프리

성장과 자기 변혁은 누가 대신해줄 수 없는 겁니다.

Growth and self-transformation cannot be delegated.

루이스 멈퍼드Lewis Mumford 건축 비평가

많은 사람이 자신 외의 것이 되려고 애쓰면서 인생을 허비하고 있어요. 그러다 실패하면 자기혐오에 사로잡히는데, 성공해도 그런 경우가 있죠. 우리는 자신의 다른 점을 감추려고만 해요. 그걸 수용하고 찬미함으로써 모든 노력을 더 신나고 생산적이고 재미있고 즐길 만하며 강력한 것으로 만들게끔 협력해도 모자랄 판인데 말이에요. 개인적으로 나는 우리가 지금 당장 시작해야 한다고 생각해요.

Many of us have spent a lifetime trying to be what we're not, feeling lousy about ourselves when we fail, and sometimes even when we succeed. We hide our differences when, by accepting and celebrating them, we could collaborate to make every effort more exciting, productive, enjoyable, and powerful. Personally, I think we should start right now.

마사 베크, 인생 상담사

때로 우리는 자신만의 기회를 만들어야 하는데, 그게 바로 내가 텔레비전에 출연하는 이유예요. 전화벨이 울리기만을 기다리며 하염없이 앉아 있을 수만은 없었거든요. 나 자신의 장소를 찾아내야 했고, 지금까지 늘 그렇게 해왔어요.

Sometimes you have to make your own opportunities, and that's why I'm on TV. I wasn't going to sit around anymore, waiting for the damn phone to ring. I had to create my own place—I've always done that.

베트 미들러Bette Midler 배우

당신이 원하는 스스로의 모습이 아니라 있는 그대로의 본모습을 세상이 볼 수 있게 하세요. 만약 억지로 자세를 꾸미고 있다면, 머지않아 그 포즈를 잊어버리게 될 텐데, 그때는 당신이라는 사람이 간곳없어지잖아요.

Let the world know you as you are, not as you think you should be, because sooner or later, if you are posing, you will forget the pose, and then where are you?

패니 브라이스Fanny Brice 배우

내 생각에는 극작가인 제인 와그너가 한 말 같은데, 들어보세요. '나는 생애 내내 훌륭한 사람이 되고자 했지만, 지금에야 깨달은 것은 좀 더 독특한 사람이 되었어야 했다는 것이다.'

I think it was playwright Jane Wagner who said, 'All my life I wanted to be somebody, but I see now I should've been more specific.'

오프라 윈프리

삶에는 보험증서 같은 게 없어요. 또 우리가 늘 최고의 결정만을 내린다는 보장도 없죠. 그렇지만 괜찮아요. 중요한 건 비록 자신이 틀릴지라도, 스스로 결정할 권한을 주는 거니까요.

There is no insurance policy in life — and no guarantee you'll always make all the best decisions. But that's all right. Bottom line: Give yourself permission to call your own shots, even if you may be wrong.

필 맥그로, 심리학자

자기 삶의 주인이 되고자 한다면 우리는 인생의 여러 사건이 자신의 것이라고 주장할 수 있어야 해요. 아무리 시간이 걸리더라도 지나온 세월과 그동안 해놓은 것을 진정으로 소유할 수 있을 때, 우리는 치열한 현재를 살아갈 수 있죠.

You need only to claim the events of your life to make yourself yours. When you truly possess all you have been and done, which may take some time, you are fierce with reality.

플로리다 피어 스콧–맥스웰Florida Pier Scott-Maxwell 저술가

삶의 역할 모델을 갖는다는 건 굉장한 일이지만, 절대 우리 자신이 아닌 다른 사람이 되려고 노력해서는 안 돼요. 그것만은 확실합니다.

I know for sure that while it's great to have role models, we should never try to be anyone but ourselves.

매티 J. T. 스테파넥Mattie J. T. Stepanek
14세에 근위축증으로 사망한 시인

시작하고 계속 나아가고 다시 또 시작하는 것은 예술에서든 삶에서든 필수적인 리듬 같아요.

Getting started, keeping going, getting started again—in art and in life, it seems to me this is the essential rhythm.

셰이머스 히니Seamus Heaney 시인

여성에게는 자기 자신도 모르는 기술이 있어요. 우리는 스스로를 재창조하는 법을 배워야 해요. '새롭게'라고 책에다 쓰세요. 자기만족에 빠져서는 안 되죠. 다음 단계로 나아갈 준비를 하고 있어야 해요. 미국인들이 국가 생성 초기에 생각했던 방식대로 해보세요. 우리는 모험가이고, 기회를 잡고 있으며, 거절을 두려워하지 않는다. 우리는 지속적으로 무언가 새로운 것을 배워나가는 습관을 길러야 합니다.

Women have skills that we don't even know we have. You've got to learn to reinvent yourself. Write 'new' on the box. Never be complacent. Stay ready to go to the next step. Think the way Americans thought in the early days of our nation: we are entrepreneurs, grasping opportunity, unafraid of rejection. We've got to get into the habit of constantly learning something new.

조앤 햄버그Joan Hamburg 라디오 진행자

암 때문에 나는 전혀 원하지 않았던 몇 가지를 갖게 됐어요. 다나 파버 암 연구소에서 발행한 지갑 속 신분증 하나, 한때는 말 잘 듣는 직모였던 내 머리를 지저분한 화장실 청소용 솔처럼 다루기 힘든 곱슬머리로 바꾸어버린 '항암 치료 파마', 그리고 병원에서 세포 독소 의료 폐기물을 표시하기 위해 사용하는 기분 좋은 라일락 색조에 드는 약간의 혐오감. 하지만 두려워할 것도 한 가지 줄어들었어요.

Because of cancer, I have certain things I never wanted: an ID card in my wallet from the Dana-Farber Cancer Institute, a 'chemo perm' that has turned my once very manageable straight hair into a toilet brush of coarse, unruly curls, and a slight aversion to the pleasant shade of lilac that hospitals use to denote cytotoxic medical waste. But I also have one less thing to be afraid of.

제랄딘 브룩스Geraldine Brooks 언론인

어떤 사람이 과거에 당신에게 무슨 짓을 했든, 현재에는 전혀 아무런 힘을 미치지 못해요.

Whatever someone did to you in the past has no power over the present.

오프라 윈프리

내 미래는 아침에 눈 뜰 때 시작합니다. 나는 매일 내 삶과 관련 있는 창의적인 뭔가를 찾아 내요.

My future starts when I wake up every morning⋯⋯. Everyday I find something creative to do with my life.

마일즈 데이비스Miles Davis 재즈 음악가

직업 때문에 낙담한 상태에서 빠져나오는 건 얼마든지 가능해요. 하지만 자신을 재창조할 필요가 있죠. 다른 사람의 비난을 감수하면서 자신의 경력에 생겨난 일을 전적으로 책임질 수 있어야 해요. 그와 동시에 자신의 능력을 새로운 높이까지 밀어 올리면서, 꾸준하고 낙관적인 태도로 뛰어난 결과를 만들어내야 합니다. 어려울 것 같다고요? 물론이죠. 그러니 그만큼 서둘러 떠나세요.

Sure, it's possible to pull out of a [career] stall. But it requires nothing short of a personal reinvention. You must take full responsibility for what has happened to your career, relieving all others of blame. And at the same time, you must push your performance to new heights, delivering outsize results with an unrelenting, upbeat attitude. Sound hard? It is⋯⋯. So leave you must, difficult as that surely sounds.

수지 웰치Suzy Welch 저술가

스스로에게 전적으로 최선을 다하는 것은 쉬운 일이 아니에요. 물론 기분 좋은 추구이기는 하죠. 하지만 인내, 끈기, 참을성 등이 요구돼요.

Making the absolute best of ourselves is not an easy task. It is a pleasurable pursuit…… but it requires patience, persistence, and perseverance.

사라 밴 브레스낙, 작가

'하늘 아래 새로운 것은 없다.'라는 말은 사실이 아닙니다. 내가 보고, 생각하고, 대답하는 것과 똑같이 반응하는 사람은 세상 천지에 하나도 없고 앞으로도 없을 것이 분명하잖아요. 물리학에 혁명을 일으키든 퀼트 바느질을 하든 차이를 만들고자 한다면 반드시 타인과 다른 점을 보여줘야 해요.

It's not true that 'there is nothing new under the sun': There has never been, and never will be, anyone who sees, thinks, or responds exactly the way you do. Whether you're revolutionizing physics or making a quilt, you must display your differences to make a difference.

마사 베크, 인생 상담사

이것만은 알아두세요. 만약 당신이 자신만의 도덕적 원칙을 따르고 있다면, 당신을 부끄럽게 만드는 어떤 것이 바로 당신에게 가장 큰 자랑스러움을 느끼게 해줄 수도 있다는 사실 말이에요. 예컨대 당신이 비만, 정신 질환, 중독이나 약물 남용 등을 이겨내려고 애쓰고 있다면, 당신의 생존과 건강을 통해 보여주는 그 뛰어난 용기에 자부심을 느껴야 한다는 거예요. 만약 다른 사람이 당신으로 하여금 스스로의 방식과 유산, 당신에 관한 진실 등을 부끄럽게 느끼도록 만든다면, 나는 오히려 그것에 자부심을 표현하는 것이 바로 내적 평화로 다가가는 길임을 알게 될 거예요.

Know this: If you are following your own moral rules, the very things you're ashamed of are likely the things about which you can feel most proud. Say you've battled obesity, mental illness, addiction, or abuse: take pride in the extraordinary courage you've shown by surviving and working toward health. If others make you feel ashamed for what you are—your heritage, your sense of what is true for you—you'll find that expressing pride in those same qualities is the road to inner peace.

마사 베크, 인생 상담사

사람들은 종종 내게 묻습니다. '어떻게 똑같은 쇼를 끊임없이 계속해나갈 수가 있어요?' 하지만 우리는 똑같은 일상을 계속해서 살아나가잖아요. 또 똑같은 친분 관계도 계속 이어나가죠. 같은 삶의 패턴을 겪어나가는 겁니다. 제 연기 지도 선생님이 한때 이런 말을 했어요. '연기는 삶을 위한 최고의 훈련이라네.' 나는 같은 쇼를 해나갈 뿐 아니라, 그것을 매번 더 깊이 있게 선보일 기회도 잡은 거예요. 바로 그게 우리가 살아가는 이유 아닌가요?

People often ask me, 'How do you do the same show over and over again?' But we do the same routine in life over and over again. People have the same relationships. We go through the same patterns. My acting teacher once said, 'Acting is the best training for life.' I have the opportunity to do the same show, but to make it deeper each time. And isn't that what we're here for?

휴 잭맨, 배우

시도해보기 전에는 자신이 뭘 할 수 있는지 절대 알지 못해요. 그리고 매번 시도할 때마다 그건 실험이자 진행 중인 일이 됩니다. 우리는 스스로에 관해, 한계에 관해, 참을성과 능력에 관해 엄청나게 많은 것을 배우게 되죠. 사람은 누구나 어느 정도의 두려움은 느끼고 살아가요. 문제는 어떻게 그것을 관리하느냐죠. 그리고 나는 내 일을 해내야 한다는 생각으로 충분히 그것을 통제해올 수 있었어요.

You never know what you can do before you try it. And each time you go out, it's an experiment, a work in progress. You learn an awful lot about yourself— about your limits, your endurance, your capabilities⋯⋯. I think that everybody has a certain level of fear. The question is how we manage it. And I have managed to be able to control it enough in order to do my job.

크리스티안 아만포, 국제 특파원

자신의 삶을 수동적으로 이끌어가는 것은 생각할 가치도 없는 문제예요.

To let yourself be carried on passively is unthinkable.

버지니아 울프Virginia Woolf 작가

나는 중독 증상이 주로 유전적인 이유 때문인지, 아니면 정서적인 상처나 그 둘의 결합 때문인지 잘 모르겠어요. 하지만 중요한 것은 오늘 내가 무엇을 하는가예요. 통찰력은 당뇨병 치료에 효과가 없는 만큼이나 중독 증상에도 아무 효과가 없어요. 누구라도 당뇨병에 관해서 아무리 잘 알고 있으면 뭐 하겠어요. 인슐린 주사를 맞지 않으면 죽는데요. 중독 증상도 그와 마찬가지예요. 알고 있는 건 아무 소용이 없어요. 문제는 오늘, 또는 매일매일 어떻게 내가 스스로를 이끌어가는가에 달려 있죠.

I don't know whether addiction is principally genetic, a result of emotional injury, or a combination of both. But all that matters is what I do today. Insight doesn't cure the addict any more than insight cures diabetes. You may understand perfectly well how diabetes works, but if you don't take your insulin, you're dead. The same is true with addiction. It doesn't matter what got you there; it's how you conduct yourself today, day by day.

바비 케네디 주니어Bobby Kennedy Jr. 환경 전문 변호사

대학을 졸업한 후에, 나는 장애인을 돕는 인형극단에서 일하면서 바텐더 일도 했어요. 말 그대로 하루 동안 사람들을 돕기도 하고 상처주기도 한 거예요. 인형극은 고결한 노력에 해당했지만, 나와 어울리지 않는다는 느낌 때문에 정말 만족스럽지 않았어요. 늘 다른 사람이 되는 꿈을 꾸곤 했죠. 그래서 무언가 확실한 소속감이 느껴지는 일을 해야 한다고 생각했어요. 그러자 다른 누군가 되고 싶다는 소망이 서서히 사라져가더군요.

After college, I bartended while working for the state on a puppet show about disabilities—I was literally helping and hurting people, all on the same day. While the show was a noble effort, it was completely unsatisfying because I didn't feel part of it. When I dreamed, I dreamed of being somebody else. I realized I needed to create something I felt part of. Then slowly, that feeling of wanting to be something else went away.

존 스튜어트Jon Stewart 정치 풍자가

경제적 새 출발을 준비하는 것은 사실 돈이나 확실한 경경제적 해결책을 마련하는 것과는 거리가 멀어요. 첫 번째이자 가장 어려운 단계는 자기 자신이나 배우자 혹은 파트너의 죄책감을 모두 털어버리는 거죠. 그러자면 내게 한 가지 약속을 해줘야 해요. 과거는 과거일 뿐이라는 사실에 동의해달라는 겁니다. 그래야만 미래에 초점을 맞출 수 있거든요. 우리는 후회의 감정적인 족쇄에서 벗어나야만 앞으로 자유롭게 나아갈 수 있어요.

The foundation of a financial fresh start actually has nothing to do with money or specific financial dos and don'ts. The first, and most difficult, step is to absolve yourself and your spouse or partner of any guilt. So you need to make a promise to me: I need you to agree that the past is past, and we are going to focus on the future……. We are free to move forward only when we remove the emotional shackles of regret.

수지 오먼, 금융 전문가

인간의 가장 중요한 임무는 자기 자신에게 원인이 되어주는 겁니다.

Man's main task is to give birth to himself.

에리히 프롬Erich Fromm 사회 심리학자

나는 섹스에서부터 신념, 이데올로기 그리고 이상에 이르기까지 태양 아래 모든 것에 관한 내 생각을 지속적으로 바꾸어가며 내 방식대로 삶을 추구해왔어요.

I have pursued life on my own terms, changing my mind continuously about everything under the sun from sex to faith to ideology to ideals.

리즈 스미스Liz Smith 칼럼니스트

한 친구가 내게 다음과 같은 현명한 말이 적힌 쪽지를 하나 건네줬어요. '매번 하나의 가슴이 찢어질 때마다 어딘가에서 아름다운 무언가 태어납니다.' 나는 그 거듭남을 학수고대하고 있어요.

I received a note from a friend with this wise saying: 'Every time a heart cracks······ somewhere, something beautiful is being born.' I look forward to the rebirthing.

오프라 윈프리

나는 늘 문장부호를 좀 특이하게 사용했어요. 선생님한
테 이런 말을 한 적도 있죠. "그거 아세요? 윌리엄 포크
너도 정확한 문장부호를 사용하지 않아요." 그래서 결
국에는 학교 선생님 중 한 분이 채점 방식을 새로 고안
해서 두 가지 조건에 점수를 주게 됐어요. 우선 내용 점
수를 주고, 문법에 맞게 제대로 썼는지 평가한 다음 또
점수가 나가는 거죠. 그러니까 실은, 고등학교 영어 시
험을 통과할 수 있었던 게, 바로 윌리엄 포크너 덕분이
에요.

My punctuation was always kind of eccentric. I would
say to my teacher, 'Well, you know, William Faulkner—
he doesn't use proper punctuation.' And one of my
teachers ended up devising a system with two grades,
where you were graded on content and then whether it
was properly written······. Actually, [William Faulkner]
is the reason I ended up passing highschool English.

줄리아 로버츠, 배우

지금 당장, 당신이 <u>스스로</u>에게 감탄하는 내용을 적어보세요. 한 페이지가 꽉 찰 때까지 멈추면 안 돼요. 그리고 앉아서 각각의 자질과 성취를 음미해보세요. 당신 자신에게 얼마나 자랑스러움을 느껴야 하는지 기억하게 되면 더 이상 다른 사람을 시기할 필요가 없어지거든요. 질투 속에서 몸부림치는 대신, 내가 원하는 인생을 추구하기 위한 영감으로 친구의 성공을 이용하는 겁니다.

Right now, make a list of what you admire about yourself—don't stop until you've filled a page. Sit and relish each quality and accomplishment. When you remember how much you have to be proud of, you don't need to envy others. Instead of wallowing in your jealousy, use your friends' accomplishments as inspiration to pursue the life you want.

필 맥그로, 심리학자

열정이란 무엇일까요? 그건 확실히 한 인간이 되어가는 것이겠죠.

What is passion? It is surely the becoming of a person.

존 부어맨John Boorman 영화감독

당신의 이상적인 삶이 어떤 모양일지 정확히 알 필요는 없어요. 단지 무엇이 더 느낌이 좋고 어떤 것이 안 좋은 느낌인지만 알고 있으면 되는 거죠. 이상적인 삶이란 어떤 모습이어야 한다고 정해놓을 것이 아니라, 더 자유롭고 행복한 느낌이 드는 선택을 하도록 하세요. 최고의 삶을 만들어내는 것은 막연한 이상적 깨달음이 아니라, 행복으로 향하는 길을 더듬어 찾아나가는 과정이니까요.

It isn't necessary to know exactly how your ideal life will look; you only have to know what feels better and what feels worse……. Begin making choices based on what makes you feel freer and happier, rather than on how you think an ideal life should look. It's the process of feeling our way toward happiness, not the realization of some Platonic ideal, that creates our best lives.

마사 베크, 인생 상담사

스스로 자신의 삶을 정의하세요. 절대 다른 사람이 대신 원고를 써주게 하면 안 됩니다.

You define your own life. Don't let other people write your script.

오프라 윈프리

나는 내가 다르다는 사실을 매우 잘 알아요. 조직생활에 맞지 않는다는 것도, 규칙을 따르며 살 수 없다는 것도 잘 알죠. 나는 있는 그대로의 나 자신에 매우 충실한 사람이며, 사실 그렇게 말할 수 있는 사람이 그리 흔치 않다는 것도 확실히 알아요.

I'm very aware that I'm different. I'm very aware that I don't fit in and that I'm not going along with the rules······. I understand that I'm being truthful to who I am, and not too many people can say that.

엘런 드제너러스Ellen DeGeneres 배우이자 코미디언

칭찬은 이상적인 스타일의 단서가 되죠. 만약 동료들이 '그 색깔 정말 잘 어울리네요.' 혹은 '살 많이 빠졌죠?'라고 묻는다면, 당신이 입고 있는 옷에 관심을 기울이고 다음번에도, 또 그 다음번에도 그런 식으로 입으려 노력해보세요.

Compliments are clues to your ideal style. If your coworkers say, 'That's a great color on you,' or 'Have you lost weight?' pay attention to what you're wearing and do it again. And again.

애덤 글래스먼Adam Glassman 광고 제작 감독

장담컨대, 당신의 부채 잔고가 감소할수록 자존감은 높아질 거예요.

I guarantee that as the balance on your outstanding loans decreases, your self-esteem will rise.

수지 오먼, 금융 전문가

자기 자신의 어이없는 기대에 맞추어 살아가는 데 실패한 사람은 비단 나뿐만이 아닐 거예요. 그러니 다들 좀 긴장을 풀어도 될 것 같네요.

I am not the only one failing to live up to my ludicrous expectations of myself; we all are. So maybe we all should relax.

리사 울프Lisa Wolfe 저술가

결심은 10대의 심장과 같아요. 엄청나게 잘 깨지죠.

Resolutions are like teenage hearts: they get broken an awful lot.

메멧 오즈Mehmet Oz 심장 전문의

나는 그게 얼마나 힘든 일인지 잊고 있었어요. 연기하는 거, 자기 자신을 뒤로하고 떠나 다른 사람이 되는 거 말이에요. 나는 현재의 내 모습이 되기 위해 정말 열심히 노력해왔어요. 그리고 그토록 오랜 세월을 견뎌왔음에도 내 정체성을 부여잡고 있는 내 의지가 얼마나 보잘것없는지 잘 알기에, 더는 진정한 자아를 뒤에 남겨두고 떠날 만한 여력이 없어요. 단 1분도. 천 달러를 준다고 해도 안 돼요.

I'd forgotten how hard it was, to act, to leave the self behind and become another self……. I've worked so hard to become the woman I've become, and my hold on my identity—even after all these years—is so tenuous, I can't afford to leave my true self behind. Not even for a minute. Not even for a thousand dollars.

대니 샤피로Dani Shapiro 저술가

좋아하는 일과 함께 일할 사랑하는 사람이 있다는 것은 대부분의 여성이 갈망하는 일이죠.

To have work one loves, and a lover with whom one can work, is the longing of most women.

앨리스 워커Alice Walker 퓰리처상 수상 작가

나는 스스로에게 이렇게 말했어요. '내 머릿속에는 다른 사람들이 가르쳐준 것과는 다른 무언가 잔뜩 들어 있어. 내 것과 거의 비슷한 모양과 아이디어를 갖추고, 내 존재와 생각에 너무도 자연스럽게 어울려 그걸 내려놓을 생각조차 못하고 있던 거야.' 그래서 나는 기존에 생각하던 것을 다 떨쳐버리고 새롭게 시작하자고 결심했어요.

I said to myself, I have things in my head that are not like what anyone has taught me—shapes and ideas so near to me—so natural to my way of being and thinking that it hasn't occurred to me to put them down. I decided to start anew, to strip away what I had been taught.

조지아 오키프Georgia O'Keeffe 화가

우리는 믿는 바대로 변해가죠. 소망하거나 원하는 것이 아니라 진심으로 믿는 바대로 변해가는 겁니다.

You become what you believe—not what you wish or want, but what you truly believe.

오프라 윈프리

'하는 일마다 실패를 거듭해왔는데, 무슨 영화를 보자고 또 시도를 하겠어?'라고 생각하는 대신, 얼마나 더 많은 시도를 하든 성큼성큼 되돌아가서 긍정적인 마음으로 기다려보세요. 매번 쏟아 붓는 새로운 노력이 정말 효과 있는 시도 가까이로 당신을 다가서게 할 테니까요.

Instead of thinking, I'e failed over and over again, why bother trying again?, take your relapse in stride and stay positive no matter how many attempts it takes you. Each new effort brings you closer to the one that might really work.

밥 그린Bob Greene 피트니스 트레이너

인간은 모두 비범하지만, 자신을 비범하다고 말할 배짱이 있는 사람은 나밖에 없어요. 게다가 그걸 가장 먼저 생각해낸 사람도 나거든요. 그러니 게임 끝이에요!

We're all divine, but I was the only one who had the nerve to call myself that. And I thought of it first. So there!

베트 미들러, 배우

젊은 시절 나는 자신감은 완벽함을 통해 획득할 수 있다고 생각했어요. 하지만 지금은 그게 획득하는 것이 아니라 주장하는 것이라는 사실을 알아요. 엉뚱함, 끝없이 낙관적인 태도, 스타일의 본질이라 할 수 있는 열정적이고 속박되지 않은 창조적 정신, 순수한 마음 그리고 세상 유일무이한 자기 자신을 사랑할 때 우리는 자신감을 내세울 수 있죠.

When I was young, I thought confidence could be earned with perfection. Now I know that you don't earn it; you claim it. And you do that by loving the wacky, endlessly optimistic, enthusiastically uninhibited free spirit that is the essence of style, the quintessence of heart, and uniquely you.

세실리 베리Cecelie Berry 저술가

만약 변화가 자기비판에서 비롯된다면, 사람은 절대 의미 있는 방식으로 자신의 행동을 바꾸어가지 않아요.

I've found that people never change behaviors in a meaningful way when the change arises from self-judgment.

타라 브락, 심리학자

우리가 스스로에게 부과한 상자들을 이용해 어떻게 자기 자신의 삶을 한계짓는지 잘 살펴보세요. 너 나 할 것 없이 모두가 그러고 있어요. 상자에는 남자, 여자, 백인, 히스패닉, 미국인이라는 표시를 붙여놓았죠. 또 누가 얼마나 날씬한지 뚱뚱한지 그리고 얼마나 많은 돈을 벌어들이는지에 따라 구분된 상자도 있어요. 직업과 사는 곳에 따라 표시된 상자도 있고요. 나는 바로 그 한계의 상자에서 걸어나와 새로운 삶을 일구어왔어요. 그리고 남들은 '갈팡'이라고 말할 때 난 '질팡'이라고 말하죠.

Take a look at how you maybe limiting your life with self-imposed boxes. We've all done it: we mark our boxes male, female, white, hispanic, american. We have boxes for how thin we are—or aren't—and how much money we make. we have boxes marked for our professions and where we live⋯⋯. I have created a life by stepping out of the box of people's limitations. I call it zigging when others are zagging.

오프라 윈프리

옮긴이 전행선

연세대학교 영문학과를 졸업하고 2007년 초반까지 영상 번역가로 활동했으며 현재는 출판전
문 번역가로 활동 중이다. 옮긴 책으로는《5가지만 알면 나도 스토리텔링 전문가》《와인의 세
계》(공역)《이웃집 소녀》《몽키스 레인코트》《템플기사단의 검》《하버드비즈니스클래식-CRM
전략》《살인을 부르는 수학공식》등이 있다.

내게 힘을 주는 말들

1판 1쇄 인쇄 2015년 1월 29일
1판 1쇄 발행 2015년 2월 5일

지은이 O, 오프라 매거진 편집부
옮긴이 전행선

발행인 양원석
본부장 송명주
편집장 김정옥
교정교열 김명재　**전산조판** 김미선
해외저작권 황지현, 지소연
제작 문태일, 김수진
영업마케팅 김경만, 정재만, 곽희은, 임충진, 이영인, 장현기, 김민수,
　　　　　임우열, 윤기봉, 송기현, 우지연, 정미진, 이선미, 최경민

펴낸 곳 ㈜알에이치코리아
주소 서울시 금천구 가산디지털2로 53, 20층 (가산동, 한라시그마밸리)
편집문의 02-6443-8856　**구입문의** 02-6443-8838
홈페이지 http://rhk.co.kr
등록 2004년 1월 15일 제2-3726호

ISBN 978-89-255-5517-1 (03320)

RHK 는 랜덤하우스코리아의 새 이름입니다.